Wolfhard Margies

Lust am Herrn

Aufbruch-Verlag

1. Auflage 1991
ISBN 3-926395-11-7
Umschlaggestaltung: Michael Stefanescu
Satz und Druck: Elsner-Druck, Berlin

Dieses Buch widme ich meiner Frau Christa,
die mich in all den Jahren
des Dienstes in der Gemeinde
und des Studiums des Wortes Gottes
so liebevoll unterstützt hat.

Inhalt

Predigt- und Vortragscassetten des Autors
sind zu beziehen über:

Cassettendienst der Philadelphia-Gemeinde
– Evang. Freikirche Wilmersdorf e.V. –
Babelsberger Straße 37
1000 Berlin 31

Einleitung

Als ich vor einigen Monaten über den Begriff der Gnade Gottes arbeitete und alle gemachten Gnaden-Entdeckungen in meinem Leben zu realisieren suchte, war ich so begeistert über die Aussichten, die Gottes Gnade für unser irdisches Leben bietet, daß ich mir keine Steigerung an Entdeckerfreuden und Gelüsten, die in der Nachfolge Jesu möglich sind, vorstellen konnte.

Die Freude an der Entdeckung der Gnade und all ihrer Folgen für das praktische Leben sind geblieben. Aber meinen Eindruck, daß es darüber hinaus keine Steigerungsmöglichkeit an Freude und Begeisterung gäbe, mußte ich bald korrigieren. Es ergab sich, daß eine biblische Wahrheit, die ich durchaus schon von früheren Beschäftigungen mit den Worten der Schrift kannte – die „Lust am Herrn" –, mich so stark packte, daß ich im Verfolgen der biblischen Aussagen über die uns zustehenden lustvollen Beziehungen zum Herrn in gewissen Regionen biblischer Offenbarungen landete, von denen ich nie erwartet hatte, daß sie mehr als Erkenntnis einbringen. Tatsächlich aber können sie große Freude und wirkliche Lust und Wonne freisetzen.

Ich rede von der Thematik des mittleren Römerbriefes, den Kapiteln 6 bis 8, die allgemein als schwierig und tiefgründig bis unerschließbar gelten. Von ihnen sagen die Theologen, daß es fast unmöglich sei, eine gültige und allgemein anzuerkennende Wahrheit aus ihnen zu entnehmen. Doch gerade dort machte ich Entdeckungen, die mein Leben sehr prägten und die interessanterweise etwas zu tun haben mit der Lust am Herrn, aber auch den Hindernissen, die einer lustvollen Beziehung zu Gott im Wege stehen.

Indem ich vom Heiligen Geist durch einzelne Stationen dieser interessanten Thematik geführt wurde, nahm ich wahr, daß fast alle theologischen Erkenntnisse und die nachfolgenden Erfahrungen, die ich dabei gewann, etwas zu tun haben mit dem Thema Gnade. Diese Querbeziehungen sind so intensiv, daß ich mir vorstellen kann, daß es für den Leser einen noch größeren Ertrag abwirft, wenn er zuvor mein Buch über Gnade studiert hat. Aber auch ohne solche Vorkenntnis wird er gewiß einen kräftigen Gewinn aus der Lektüre dieses Buches ziehen.

Mir geht es um sehr praktische Ziele. Mein Hauptanliegen besteht darin, dem Leser zu helfen, daß er eine Charakterveränderung ohne Schmerzen und Qualen der Entbehrung erfährt. Hierzu hält das Wort Gottes sehr präzise Hilfen bereit, die wenig bekannt sind. Deswegen mühen sich so viele Christen ab auf ihrem Weg der Heiligung.

Darüber hinaus möchte ich einen Weg aufweisen, wie man sich an Gott freuen kann und zur Lust am Herrn kommt. Es reicht nicht aus, von den ärgsten Fehlhaltungen in unserem Charakter befreit zu werden. Aufbau der Persönlichkeit bis hin zu den lustvollen Höhen einer Beziehung zu Gott, die von Freude und Wonne bestimmt ist, das ist die biblische Norm. Ich möchte den Leser auffordern, nicht nur zu glauben, daß es so etwas gibt und daß das Ziel legitim ist, sondern für sich selbst zu beanspruchen, unbedingt in den Genuß dieser Erfahrung zu kommen.

Wenn ich mir vergegenwärtige, was das Wort Gottes über die zukünftige Entwicklung der Gemeinde Jesu sagt, dann habe ich große Hoffnung, daß wir Nachfolger Jesu in großer Breite zu dieser neuen Qualität unserer Beziehung zu Gott und der Heiligung kommen, die schön ist, leicht zu erfahren ist und deswegen von vielen Gläubigen gesucht werden wird. Die nach der Schrift zu erwartende glanzvolle Entwicklung der Gemeinde in den letzten Jahren vor der

Wiederkunft des Herrn ist nach meiner Überzeugung nur so denkbar, daß wir durch den Heiligen Geist gewaltige Wiederentdeckungen und Offenbarungen von Gottes Fürsorge über eine neue Dimension des Lebens mit ihm empfangen.

So sollen alle Wahrheiten, die ich dem Worte Gottes entnehme und vor dem Leser ausbreite, diesem Ziel dienen. Es ist mir ein Greuel, theoretische Erkenntnisse zu vermitteln, die keinen praktischen Wert haben und sich nicht in unserer Alltagsnachfolge umsetzen lassen. Die Richtigkeit der vorgelegten Einsichten ist daran erkennbar, daß sie den Weg zur Lust am Herrn und zu einer lustvollen Heiligung ermöglichen. Nur jene Lehre kann wahr sein, die praktikabel ist und die Resultate erzielt, die sie verheißt. Ich sage das sehr entspannt, weil ich bei mir selbst festgestellt habe, was das Wort Gottes vermag.

Kapitel 1

Habe deine Lust am Herrn

Psalm 37,4
Habe deine Lust am Herrn; der wird dir geben, was dein Herz wünscht.

Wenn man dieses Wort mehrfach gelesen hat oder seit Jahren kennt, dann kommt es einem vertraut vor und man merkt gar nicht mehr, welch eine ungeheure Aussage es enthält. Aber dieser Satz ist ein Paukenschlag, der deutlich hervortönt aus dem Klang aller möglichen Stimmen und Gedanken, die man in den Reihen der Christen heute so hören kann.

In früheren Jahren war ich immer wieder angetan von dem zweiten Teil des Satzes. Da verheißt Gott uns doch tatsächlich, daß unter der Bedingung der vorhandenen Lust am Herrn wir wünschen können, was wir wollen, und es wird uns zuteil werden. Dann wurde ich erneut von diesem Wort gepackt. Es elektrisierte mich, als ich mir vergegenwärtigte, daß also Gott will, daß wir an ihm Lust haben sollen. Hinter dieser Aufforderung muß ja die Möglichkeit, wenn nicht gar die Beschreibung des Standards stehen, mit dem Herrn eine solche schöne und faszinierende Beziehung eingehen zu können, daß man sie als Lust bezeichnen muß.

Dabei werden sich sofort bei manchem Gläubigen Fragen erheben: Kann man an Gott überhaupt Lust haben? Ist er dafür nicht ein ungeeignetes Wesen? Wie kann der große, hohe, allmächtige Gott unser Lustgeber werden? Mißbrauchen wir ihn nicht in seiner göttlichen Unverfügbarkeit und Souveränität, wenn wir mit ihm und an ihm Lust haben wollen? Ziehen wir ihn dann nicht auf die Ebene unseres Denkens und unserer Gefühle herab und verkennen die Andersartigkeit seines Charakters und seiner Person, die sich in ganz anderen Sphären bewegt?

So könnte man noch lange weiter fragen. Aber wer das so tut, der orientiert sich mit den hinter seinen Anfragen stehenden Gedanken an einem Gott der Philosophen. Das Wort Gottes redet dagegen von einem Gott, der da ist, der lebendig ist und der eine Person ist. Gott ist ein Gott zum Verlieben.

Gott hat alle Voraussetzungen, um bei uns Lust zu erzeugen: Er ist eine Person, kein Prinzip. Er ist ein Gott mit einem einzigartigen Charakter: Er ist durch und durch gütig, gnädig, geduldig, langmütig, sanft, stark, voller Erbarmen und Zuwendung. Er ist ein Helfer, der kreativ ist und eine intime Gemeinschaft mit uns sucht, die er in großer Treue hält.

Wer ihn kennt, wer ihn wirklich kennt, muß sich in ihn verlieben. Weil diese Liebe, die sich aus der Kenntnis seines Wesens ergibt, sehr intensiv ist, wird sie und muß sie Lust entbinden. Lust ist eine gesteigerte Form von Freude und Befriedigung, gepaart mit starkem Verlangen nach dem Objekt der Lust. Deswegen ist es für denjenigen, der von ihr gepackt ist, besonders angenehm und berauschend schön, wenn dieses Verlangen durch Erwiderung von Liebe gestillt wird. Es ist berechtigt, von Lust an Gott zu reden, wenn wir aufgefordert werden, ihn zu lieben. Wenn wir schon imstande sind, unter unzulänglichen irdischen Verhältnissen unseren Ehepartner aus Liebe und Lust heraus über Jahrzehnte zu begehren und Gemeinschaft mit ihm zu haben, wieviel mehr muß die Lust an einer Person real möglich sein, wenn diese in ihrem Charakter absolut makellos ist und wir eine Ewigkeit mit ihr zusammenbleiben sollen? Unter diesem Gesichtspunkt ist es fast abnorm, wenn wir eine Beziehung zu Gott haben wollen, die nicht diesem Standard entspricht.

Unter den Christen und erst recht unter den Scheinchristen wurde im Laufe der Jahrzehnte und der Jahrhunderte in Abkehr von biblischen Aussagen die Norm einer angemessenen Gottesbeziehung so definiert, daß man zu Gott eine ehrfurchtsvolle, distanzierte, ergebene, aber doch von heiliger Scheu gekennzeichnete Beziehung haben muß. In den allermeisten Kreisen würde es als unschicklich gelten und glatt als Ausdruck eines Schwarmgeistes angesehen werden, wenn die Nachfolger Jesu sich wirklich an ihrem Herrn und an ihrem Vater so freuen könnten, daß es ein unbefangener Beobachter als ein lustvolles Erleben bezeichnen würde. Das sei würdelos, würden sie sagen, das wäre plumpe Vertraulichkeit und würde sich auf einer sehr oberflächlichen Gefühlsebene abspielen, und wäre insofern der Person Gottes gänzlich unangemessen.

Aber nun steht es einmal in der Schrift, daß wir Lust am Herrn haben sollen. Wir finden es sogar mehrfach im Worte Gottes. Wenn wir das ganze Spektrum von ähnlichen Worten verfolgen, dann erkennen wir sogar eine respektable Häufigkeit von Erwähnungen dieses oder ähnlicher Begriffe. Das Wort Gottes redet über die Natur unserer Beziehung zum Herrn im Sinne von Lust, Wonne, Freude, Verlangen, Durst, Begierde, Hunger. Alle diese Begriffe drücken aus, daß unsere Beziehung zu Gott sehr intensiv sein soll und von großer Freude, Hingabe und Verlangen, also auch von gefühlsmäßigen Erfahrungen und Beglückungen geprägt sein soll. Ich glaube, daß unsere Beziehung zu Gott nur dann gesund ist, wenn sie auf dieser Höhe sich möglichst häufig bewegt. Zugegeben, das ist für die allermeisten von uns noch Utopie. Aber der göttliche Standard ist erreichbar.

Wenn unser Verhältnis zum Herrn lustvoll ist, wenn er unsere ganze Freude ist, dann sind damit gleichzeitig viele Probleme, die sonst unsere Nachfolge kennzeichnen, gelöst. Gleichzeitig sind viele andere positive Erlebnisse mit eingeschlossen, so daß wir uns alle aufmachen sollten, die Lust am Herrn zu erfahren, um uns nicht mehr an so vielen Nebenfronten abquälen zu müssen:

- Wer in der Lust am Herrn lebt, ist völlig auf ihn bezogen und zu ihm hingezogen. Seine Gedanken gelten ihm, und er muß sich nicht immer mit Vorsatz bemühen, auf ihn bezogen zu leben und an ihn zu denken.
- Lust am Herrn schließt Lieben ein. Die Lust ist ja, sofern sie eine gesunde Beziehung beschreibt, der Gipfel der Liebe und die höchste Erfahrung der Beglückung.
- Mit der Lust am Herrn ist automatisch eine Art Vorranghaltung in unserem Denken und Verhalten etabliert. Gott hat ohne Anstrengung absolute Priorität, wenn wir die Beziehung zu ihm als lustvoll erleben. Wir werden zuerst nach seinem Willen trachten, nach seiner Meinung fragen, seinen Willen gerne tun und mit Freude ihm gehorsam sein wollen. Es gibt dann keine Konkurrenz zu anderen Lustangeboten, die mühsam im Glaubensleben bezwungen werden müssen. Wir kommen dann von ihm nicht los. Wir sind ihm ergeben.
- Das bedeutet, daß diejenigen, die Lust am Herrn haben, absolut treu sind. Sie sind als göttliche „Lüstlinge“ festgelegt und von heiliger Einseitigkeit. Sie sind gleichsam besetzt von Gott, alle ihre seelischen und geistlichen Rezeptoren sind belegt mit göttlichen Gedanken. Andere Dinge, auch die Sünde, haben keinen Zutritt mehr.

Schon an dieser Stelle muß ich hinweisen auf einen Schlüsselgedanken, der uns im zweiten Teil des Buches stark beschäftigen wird. Das Besetztsein von Gottes Freude und Leben beendet die Herrschaft der Sünde über uns. Wir werden dann nicht mehr von ihr geknechtet und müssen ihr nicht mehr dienen. Hier stellt sich schon ein wichtiges Prinzip vor, das wir später genauer ergründen werden: Die Bibel nennt den Zustand, in dem man von der Sünde nicht mehr beherrscht wird, ein Leben unter der Gnade (Römer 6,14). Also schließen wir jetzt schon in diesem frühen Stadium unserer Überlegung, daß die Tatsache des Besetztseins durch Gott identisch ist mit der Erfüllung von Gnade.

Die schönen irdischen Erfahrungen des Verliebtseins lehren uns, daß etwa ein junger Mann, der unsterblich in ein Mädchen verliebt ist, zu diesem Zeitpunkt keinerlei Schwierigkeiten mit der Orientierung seines Herzens hat. Er ist festgelegt und wird an allen anderen Frauen völlig unansprechbar vorbeigehen.

Unter der Voraussetzung, daß das Wort Gottes uns nicht betrügt und seine Worte das beinhalten, was wir heute unter ihnen verstehen, muß es über die Maßen begehrenswert sein, Lust am Herrn zu haben. Sie setzt so viel Freude frei und vermittelt eine solche Tiefe von Sinnhaftigkeit im Leben, daß dagegen alles andere verblaßt. Man könnte fast meinen: Wozu brauchen wir etwas anderes, wenn wir so von Gott ergriffen sind, ihn so lustvoll erleben und alle unsere Wünsche an seiner Seite gestillt sind? Könnte man nicht denken, daß uns so zumute sein wird, daß wir sagen: „Was sollen mir alle weiteren irdischen Wünsche? Was geht mich der Tand dieser Welt an? Was will ich mehr?“

Das ist alles übergeistlich und unecht. Was Gott mit uns vorhat, ist viel natürlicher und überzeugender. Gott fordert uns auf, daß wir dann, wenn wir Lust an ihm haben, unser Herz wünschen lassen. Was es dann noch wünscht – es werden sicherlich andere Wünsche sein als außerhalb der Lust des Herrn –, das soll ihm zuteil werden. Gott weiß, daß wir, wenn wir in unserer Beziehung zu ihm, dem unsichtbaren Gott, zutiefst befriedigt sind, immer noch andere Bedürfnisse und Wünsche offen haben, die einfach mit den spezifischen Bedingungen unseres Lebens auf dieser Erde zusammenhängen: Wir können dann noch von Krankheit gekennzeichnet sein, soziale, familiäre Nöte mögen da sein und nach Abhilfe schreien. Vielleicht fehlt uns eine geeignete Wohnung oder endlich einmal ein kräftevermittelnder Urlaub, eine bessere finanzielle Ausstattung oder einfach ein Ehepartner, mit dem wir gemeinsam die Beziehung zu Gott teilen und vermehren können.

Unter der Voraussetzung, daß die Beziehung zum Herrn lustvoll erlebt wird, was der Hauptsegen ist, will Gott uns jede Form von Zusatzsegen geben. Wenn die Mitte stimmt und etwaige schöne Gebetserhörungen uns nicht in die Versuchung drängen, von Gott abzusehen, weil die Lust am Irdischen die Beziehung zum unsichtbaren Herrn überdeckt, dann will der Herr uns alles geben, was wir wünschen. Das ist eine Art Garantie für Gebetserhörungen. So muß man es einfach ausdrücken, und es ist dabei der theologische Akzent mitnichten verkehrt gesetzt, auch wenn manchem religiösen Leser dabei sehr unbehaglich wird.

Es ist eine schöne Herausforderung an uns, daß Gottes Wort sagt: Wir sollen maximale Lust und Freude an ihm selbst, an der reinen göttlichen Person haben, um anschließend in allen irdischen Belangen wünschen zu dürfen und Erhörung zu finden. Die Verbindung dieser beiden Gebote ist Ausdruck von göttlicher Weisheit. Dahinter tritt uns das Prinzip entgegen, das wir auch sonst aus der Schrift kennen: „Wer hat, dem soll gegeben werden." Wer sehr viel hat, wer das Beste und Höchste hat, Gott selbst, dem soll und kann vieles weitere gegeben werden.

Der Mensch, das ständig begehrende Wesen

Lust hat etwas mit Begehren und Begierde zu tun. In der Begrifflichkeit der deutschen Sprache ist Lust die höchste Ausprägung einer erfüllten Begierde, wobei es sich um eine gute und aufbauende oder eine zerstörerische und negative Lust handeln kann. Der Begriff Lust ist wertemäßig bipolar.

Unser Herz begehrt immer. Die Art und das Ziel des Begehrens und damit die Qualität der Begierde hängt sehr von folgenden Faktoren ab: Information über mögliche Lustformen, das Maß an Besetztsein mit einer alten Lust und die Qualität des Lustangebotes sind die entscheidenden Größen. Das menschliche Herz, oder um es gleich exakter zu sagen, die körperlichen Quellen der Lust und der Begierde sind ununterbrochen tätig.

Jakobus 4,1-2a
1 Woher kommt Streit und Krieg unter euch? Kommt's nicht daher: aus euren Lüsten, die da streiten in euren Gliedern?
2 Ihr seid begierig und erlanget's damit nicht.

Aus unseren Gliedern, also aus der Tiefe unserer Körperlichkeit entstehen ununterbrochen Lüste und Begierden. Es gibt so etwas wie einen stetig aus unserem Leibe aufsteigenden Strom von Lust. Es ist offensichtlich, daß das Wort Gottes mit dieser kurzen Kennzeichnung diese Lust nicht als positiv qualifiziert.

Mit der Lust, die aus unserem Körper hochsteigt, verbindet sich das Streben unserer Seele. Sie versucht, diese Antriebe zum Teil aufzugreifen und zum Teil zu bekämpfen und tut dann so, als ob sie auf der Gegenseite von körperlichen Strebungen wäre. In diesem Zusammenhang gibt es in dem Buch des Predigers ein interessantes Wort:

Prediger 6,7
Alles Mühen des Menschen ist für seinen Mund, aber sein Verlangen bleibt ungestillt.

Mit dem Munde können wir sehr viel Lust erzeugen und erleben, zum Beispiel die Lust des Essens, aber auch die Lust des Redens. Alles, was wir tun und was ein Ausdruck unserer Bemühungen ist, hat nach diesem Wort – das ist gewiß eine sehr interessante Feststellung – irgendeine Beziehung zu unserem Mund. Selbst wenn die Dinge, die wir geschaffen haben und mit Eifer verfolgen, nicht direkt mit dem Mund zu tun haben, so werden sie doch dazu gefertigt, damit sich unser Mund ihrer nachher rühmen kann, wodurch er ebenfalls Lust empfängt.

Das Wort Gottes gibt dazu einen bedeutsamen Kommentar von großer Grundsätzlichkeit: Unsere Seele bleibt bei all dem ungestillt. Alle Ziele, die wir verfolgen, können die letzten und wahren Bedürfnisse unseres Herzens und unserer Seele nicht erfüllen! Das ist bemerkenswert, darauf müssen wir später eine Antwort finden.

Prediger 6,9a
Es ist besser, zu gebrauchen, was vor Augen ist, als nach anderm zu verlangen.

Weil wir ununterbrochen begehren, ist es möglich, daß wir in Ersatzbefriedigungen unserer Phantasie ausweichen, um dort irreale Ziele zu verfolgen und an ihnen unsere Lust zu suchen, wenn wir nichts finden, was direkt vor uns liegt und uns Lust verschafft. Damit ist nicht ausgesagt, daß wir uns von der unsichtbaren Wirklichkeit Gottes fernhalten sollen, sondern nur, daß wir nicht den Ersatzgelüsten zum Opfer fallen sollen.

Lukas 15,16a
Er begehrte seinen Bauch zu füllen mit Trebern, die die Säue aßen.

Nachdem der verlorene Sohn sehr weit heruntergekommen war, gab es zunächst für ihn kein anderes Ziel, auf das er seine Begierde legte, als seinen Bauch wegen des gewaltigen Hungers mit Schweinenahrung zu füllen. Aber auch in diesem Zustand wurde er von einem Verlangen zur Erzeugung einer gewissen Lust getrieben.

So sehen wir, daß Lüste und Dränge uns ununterbrochen nach vorne treiben, um uns gerade das zu verheißen, was wir nicht haben. Aber Gott will uns nicht lustvolle Ziele vorenthalten, sondern uns sie erreichen lassen und zur Erfüllung bringen. Er ist die ideale Person dafür, weil er als göttliches Wesen, dem wir nachgebildet sind, vollkommen ist, ohne Makel und über die Maßen liebenswert. Unser Gott ist ein Gott zum Verlieben. Aber Liebe führt nun einmal zur Lust.

Eine Voraussetzung für diese Erfahrung ist nötig: Wir müssen ihn kennen. Wir können nur jemand lieben, den wir erlebt und kennengelernt haben. Ich habe noch nie jemand gesehen, der sich über beide Ohren in eine Person verliebt hat, sich mit ganzer Leidenschaft, Hingabe und Liebe an sie gebunden hat, sie aber nicht kennt. Das geht nicht, und das geht auch nicht im Hinblick auf Gott.

Wenn wir entzündet sein wollen von Gott, dann müssen wir von seiner Existenz wissen, seinen Charakter kennengelernt, seine typischen Haltungen erfahren haben, und dann erst kann bei uns Begeisterung und Lust ausgelöst werden. Hin und wieder erfahren das Menschen, die dem Herrn folgen. In besonderer Weise trifft das für die Menschen zu, die sich frisch bekehrt haben und den Unterschied zum alten Leben besonders kontraststark erleben.

Lust und Wonne durch Sündenvergebung

Sünde drückt auf das Gemüt. Am Anfang verschafft sie für eine kurze Zeit ein Zwischenhoch an Lust und Stimmung, um dann in Bedrückung, Unwohlsein und sogar bis zur Depression umzuschlagen. Diese regelmäßigen Auswirkungen der Sünde stellen einen Grund und einen Mechanismus dar, zu Gott zurückzukehren, weil wir spüren, daß wir Vergebung der Sünde brauchen, um aus dem Tief unserer Gefühle und der Bedrückung herauskommen zu können.

Die Erfahrung, daß Sündenvergebung auch das Gefühlsleben nachdrücklich berührt und aus Verzweiflung, Trauer und Mißmut befreit, dürfte wohl jedem Gläubigen bekannt sein, der in seiner Not zum Herrn kam, um dann nicht nur Vergebung, sondern auch innerliche Entlastung zu erleben. Wie sehr Sünde unser Wohlbefinden beeinträchtigt, Freude und Lust raubt und dadurch zusätzlich zu einem Motor wird, zu Gott zurückzukehren, das schildert beispielhaft für viele andere Worte der Schrift David in Psalm 51.

Psalm 51,3-4.8-14
3 Gott, sei mir gnädig nach deiner Güte, und tilge meine Sünden nach deiner großen Barmherzigkeit.
4 Wasche mich rein von meiner Missetat, und reinige mich von meiner Sünde.
8 Siehe, dir gefällt die Wahrheit, die im Verborgenen liegt, und im Geheimen tust du mir Weisheit kund.
9 Entsündige mich mit Ysop, daß ich rein werde; wasche mich, daß ich schneeweiß werde.
10 Laß mich hören Freude und Wonne, daß die Gebeine fröhlich werden, die du zerschlagen hast.
11 Verbirg dein Antlitz vor meinen Sünden, und tilge alle meine Missetat.
12 Schaffe in mir, Gott, ein reines Herz, und gib mir einen neuen, beständigen Geist.
13 Verwirf mich nicht von deinem Angesicht, und nimm deinen heiligen Geist nicht von mir.

14 Erfreue mich wieder mit deiner Hilfe, und mit einem willigen Geist rüste mich aus.

David schreit zum Herrn und bittet ihn, in seiner Gnade und Güte seine Sünden zu tilgen. David erlebt sehr deutlich, wie seine Schuld ihn knechtet und belastet, was auch die Funktion seines vegetativen Nervensystems beeinträchtigt (siehe Psalm 32). Er bittet Gott um Entsündigung – was für ein Ausdruck! –, damit er wieder rein wird, schneeweiß wird und dann wieder Freude und Wonne hören kann. Es stand für ihn außer Zweifel, daß seine totale Freudlosigkeit und Lustlosigkeit zusammen mit der Fehlfunktion seines Körpers geradewegs auf seine Sünde gegenüber Bathseba und ihrem Ehemann Uria zurückzuführen war.

Er kann den Zustand des Getrenntseins von Gott dem Vater, die Belastung von der Sünde und der Depression nicht mehr ertragen. So ruft er: „Laß mich hören Freude und Wonne und erfreue mich wieder mit deiner Hilfe." Das tat dann Gott auch, und genau auf dem Wege, den David in prophetischer Schau sah.

Johannes 19,28-29
28 Danach, da Jesus wußte, daß schon alles vollbracht war, auf daß die Schrift erfüllt würde, spricht er: Mich dürstet!
29 Da stand ein Gefäß voll Essig. Sie aber füllten einen Schwamm mit Essig und steckten ihn auf einen Ysop und hielten es ihm dar zum Munde.

Das Wort von Psalm 51 mußte erfüllt werden, das von Ysop sprach, auf welchem dem Herrn ein Schwamm mit Essig gereicht wurde, als er im Todeskampf war und unsere Sünde ans Kreuz hochgetragen hatte.

Matthäus 27,41.43
41 Desgleichen spotteten auch die Hohenpriester samt den Schriftgelehrten und Ältesten und sprachen:

43 Er hat Gott vertraut; der erlöse ihn nun, hat er Lust zu ihm; denn er hat gesagt: Ich bin Gottes Sohn.

Als Jesus, beladen mit unserer Sünde und für uns zur Sünde gemacht, und insofern getrennt vom Vater am Kreuz hing, hatte der Vater keine Lust und kein Gefallen an ihm:

Jesaja 53,10
So hatte der Herr Gefallen daran, ihn mit Krankheit zu schlagen (so wörtlich). Wenn er sein Leben zum Schuldopfer gegeben hat, wird er Nachkommen haben und in die Länge leben, und des Herrn Plan wird durch seine Hand gelingen.

Gott, der Vater, hat seinen Sohn am Kreuz allein gelassen und er hatte sogar Lust daran, ihn mit Krankheit zu schlagen und sich von ihm, der nun voll von Sünde war, zu trennen. Er tat es, um uns Heil und Heilung zu geben, um uns zu seinen geliebten Kindern zu machen. Dadurch bekam Gott Nachkommen, denn das Kreuz ist die Grundlage von Gottes Vaterschaft.

Jesus litt, seine Wunden bluteten und schmerzten, er war von Durst gequält, der nicht durch den Essig gestillt werden konnte. Er litt alle seelischen und körperlichen Qualen, die ihm ein uns unvorstellbares extremes Maß an Unlust verschafften. Damit ist uns der Weg zur Vergebung und zur Befreiung aus Lustlosigkeit, Trauer, Einsamkeit und Verzweiflung gebahnt. Es ist bedeutsam, daß gerade in diesem Psalm, der von dem seelischen Leiden des David handelt, die Schuldvergebung so aufregend einfach dargestellt wird: „Entsündige mich mit Ysop.“ Das klingt so, als ob David dabei nichts zu tun hätte. In der Tat, so ist es. Das ist auch die Norm für jede wirkliche Erfahrung von Sündenvergebung. Wir kommen zu Gott und legen ihm unsere Schuld vor, die er uns gerne abnimmt, um uns mit Gnade, Gerechtigkeit und der Erfahrung der Freude auszustatten.

Natürlich müssen wir die Vergebung annehmen, aber der Kern der Erfahrung ist tatsächlich eine schlichte Entsündigung, die an uns geschieht.

Je weniger wir bei diesem Schuldaustausch in der Begegnung mit unserem Herrn mit eigener Mithilfe beitragen, um so dramatischer ist die Erfahrung der Sündenvergebung und um so schöner die Veränderung in unserem Gemütszustand. So viele von Gott uns zugedachten herrlichen Erlebnisse der Freude und der Wonne wurden vereitelt, weil wir insgeheim bei der Erfahrung der Sündenvergebung mitbeteiligt sein wollten, indem wir unsere Trauerarbeit und Anteile unserer Buß- und Büßtätigkeit mit einbezogen haben, die dann anteilmäßig Gottes Gnade vermindert oder unmöglich gemacht haben. Das Ende ist eine Buße ohne die Erfahrung der Freude und der Entspannung.

Dieses Wort bestätigt uns, daß die Erfahrung von Freude und Wonne zu dem Erleben der Entsündigung dazugehört. Umkehr ist mit Freude und Lust verbunden. Die Heiligungspuritaner, die uns lehren, bei unserer Umkehr uns nicht von unseren Gefühlserwartungen leiten zu lassen, die in Anbetracht der Heiligkeit Gottes primitiv und unpassend seien, sind nicht im Recht! Das Wort Gottes verheißt uns etwas anderes.

Ich glaube, daß es nicht nur erlaubt ist, angesichts des Kontrastes von früherer Bedrückung und jetzt erfahrener Entlastung begeistert, voller Freude und Lust über Gott zu sein, sondern daß es sogar nötig ist. Ich habe in Beobachtung meines eigenen Lebens und dem Schicksal von Hunderten und Tausenden von Christen im Laufe der Jahre meine Zweifel darüber bekommen, ob wir Gott gefallen können in unserer abgeklärten, wissenden und stoisch-amtlichen Form, wie wir die Gerechtigkeit Gottes und die Vergebung unserer Sünden annehmen. Ich glaube, daß die Erfahrung von Gottes Gnade einfach mit Freude und positiven Gefühlsaufwallungen verbunden sein muß. Diese mögen und müssen nicht überschwenglich sein, aber zumindest zu einer Grundstimmung von Freude und Beglückung beitragen, die in Anbetracht eines so freundlichen und konstant gütigen Herrn verstehbar und angemessen sind.

Ich bezweifele ferner, ob wir ohne die immer wieder neu von Gott uns gewährte Erfahrung der Lust und der Freude an ihm und an seiner Vergebung auf Dauer imstande sind, den Lustangeboten unserer Umwelt nicht zu erliegen. Ich bin nicht davon überzeugt, daß wir die Frohe(!) Botschaft richtig verstanden und erfaßt haben, wenn wir Begeisterung beargwöhnen, Lust und Wonne als kitschig und sentimental darstellen. Ich glaube, daß wir auf Abwegen sind, wenn wir uns anbiedern an die Geisteswissenschaften und Philosophien der Jetztzeit, um mit ihnen das Hohelied des Segens der Depression und der Unerläßlichkeit der Angst zu singen. Wir brauchen die vom Wort Gottes uns verheißene Lust am Herrn, um Überwinder zu sein und nicht dem Sog der Sünde zu verfallen. Wir brauchen auch den Mut, um auszuscheren aus den Reihen der stetigen Zweifler und Kritiker, die es für unerlaubt und unanständig halten, auf die vielen Fragen der Menschen Antworten bereitzuhalten.

Weil wir immer wieder in Sünde fallen und weil wir einen gnädigen Gott haben, der auf Sünde hin seine Gnade besonders aufleuchten läßt, deswegen sollen wir immer wieder das Kuriosum erleben, daß wir nach unserer Schuld durch Sündenvergebung erst recht Freude und Wonne erleben dürfen. Viele Menschen können das nicht verstehen, nicht einmal Gläubige. Aber das Wort sagt es uns, daß da, wo die Sünde mächtig geworden ist, die Gnade, das heißt auch die Lust und Freude, noch mächtiger geworden ist.

Die Freude bleibt nicht im Herzen stehen. Wenn Gottes Vergebung als Angebot von Gnade in Wahrheit empfangen wird, durchströmen die positiven Kräfte der Entlastung und der Freude alle Bereiche unseres Herzens, der Seele und des Vegetativums, so daß das Wort Gottes davon berichtet, daß unsere Gebeine fröhlich werden. Das ist der Anfang der Heilung, wie überhaupt ein frohes Herz und eine erfrischte Seele die allerbesten Voraussetzungen auch für die Heilung unseres Körpers darstellen. Auf der anderen Seite ist es schwer, wenn nicht gar unmöglich, jemand zur Erfahrung der Heilung zu bringen, der sich nicht durch Gnade und Vergebung umstimmen läßt. Wir haben Macht über die Stimmung, die in uns, und sogar in unseren „Gebeinen" herrschen soll. Der Zugriff zu unserem Gefühlsleben erfolgt zwar nicht unmittelbar in dem Sinne, daß wir auf direktem Wege durch Willensimpulse unsere Stimmung und Emotionen bewegen können. Aber auf dem Weg über empfangene Gnade und unter Vermittlung der Seele, die uns untertan ist, können wir dann einen sehr verläßlichen Einfluß auf unsere Stimmungslage, auf Freude und Frieden nehmen, und somit auch unseren vegetativen Haushalt lenken.

Allein schon aus diesem Grunde ist es wichtig, daß wir die Akzente des Evangeliums nicht verfehlen und durch Vermittlung von Gottes Freude uns und dem Volke Gottes Heil und Heilung widerfahren lassen.

Gott kennenlernen

Wie kann man jemand lieben, es sei denn, man kennt ihn. Wie können wir eine lustvolle Beziehung zu Gott erfahren, wenn wir nicht seinen Charakter kennen und nicht von den Qualitäten seiner Person angezogen und in den Bann gezogen werden?

Nach der Erfahrung der Vergebung unserer Schuld mit dem subjektiven Erleben der Entlastung und der Freude ist die Erkenntnis Gottes, das heißt seines Wesens, seines

Charakters, seines weiten und liebenden Herzens, die entscheidende Voraussetzung, um Lust zu Gott zu bekommen. Die Verhältnisse ähneln denen, die wir von der Beziehung unter Menschen kennen. Eine schöne, angenehme und wohltuende Person mit ausgeglichenem Charakter, gutem Auftreten und einem Herzen voller Liebe und ehrlicher Zuwendung zieht uns an, verlangt unsere Aufmerksamkeit und wird dann, wenn wir eine gewisse Zeit um eine solche Person herum sind und sie immer besser kennengelernt haben, uns unweigerlich in eine lustvolle Beziehung zu ihr setzen. Einer solchen Reaktion können wir uns eigentlich nicht entziehen, wenn unser Gegenüber solche Qualitäten oder gar noch mehr und schönere aufweist. Dann sind wir in einer Weise genötigt zu lieben und zu begehren und fühlen uns gedrungen, die Nähe eines solchen Menschen unbedingt aufzusuchen. Es entsteht ein Verlangen nach einer lustvollen Beziehung zu einem solchen Menschen.

Dasselbe geschieht in unserer Beziehung zu Gott. Wohl gibt es dabei das Hindernis, daß Gott unsichtbar ist. Aber unsichtbar sein heißt nicht abwesend sein. Seine unsichtbare Realität ist durch sein Wort und über die Vermittlung des Heiligen Geistes für uns, die wir im Glauben ihn angenommen haben, sehr wohl erlebbar. Wir erfahren ihn in seinem Frieden, in der Freude, die er gibt und in der Wahrnehmung seiner wohltuenden Gegenwart. Seine Liebe ist fraglos spürbar und seine Barmherzigkeit wird uns zuteil in Gestalt von klaren Erweisen seiner Hilfe, seines Schutzes und der Atmosphäre von Gnadenzuwendung und Geborgenheit. Alle Qualitäten der Beziehung, wie wir sie unter sichtbaren Menschen vorfinden, treffen auch zu für unsere Beziehung zu dem unsichtbaren Gott.

Der Unterschied zwischen einer lustvollen Beziehung zu Gott und der zu einem Menschen besteht darin, daß das Moment der Wahrheit eine größere Rolle spielt. Nach

Menschen kann man allein deswegen schon Verlangen haben, weil sie in ihrer Schönheit einen anziehen. Das gilt in dieser einfachen Umsetzung nicht für unsere Beziehung zu Gott. Seine Schönheit ist nicht mit physischen Augen wahrnehmbar. Wir schließen sie aus seinem Wort und aus der Art seines Handelns, wozu wir aber Wahrhaftigkeit unsererseits brauchen, um Gottes Reden und seinen Charakter wahrzunehmen. So ergeben sich als wesentliche Momente und Bedingungen für die Erfahrung von Lust und Freude gegenüber Gott, daß wir seinen Charakter kennenlernen, daß wir wahrhaftig sind und daß wir Zeit mitbringen, um mit unserem Herrn zusammen zu sein. Diese Bedingung finden wir zum Beispiel in Psalm 25 dargestellt:

Psalm 25,1-10
1 Nach dir, Herr, verlanget mich.
2 Mein Gott, ich hoffe auf dich; laß mich nicht zuschanden werden, daß meine Feinde nicht frohlocken über mich.
3 Denn keiner wird zuschanden, der auf dich harret; aber zuschanden werden die leichtfertigen Verächter.
4 Herr, zeige mir deine Wege und lehre mich deine Steige!
5 Leite mich in deiner Wahrheit und lehre mich! Denn du bist der Gott, der mir hilft; täglich harre ich auf dich.
6 Gedenke, Herr, an deine Barmherzigkeit und an deine Güte, die von Ewigkeit her gewesen sind.
7 Gedenke nicht der Sünden meiner Jugend und meiner Übertretungen, gedenke aber meiner nach deiner Barmherzigkeit, Herr, um deiner Güte willen!
8 Der Herr ist gut und gerecht; darum weist er Sündern den Weg.
9 Er leitet die Elenden recht und lehrt die Elenden seinen Weg.
10 Die Wege des Herrn sind lauter Güte und Treue für alle, die seinen Bund und seine Gebote halten.

Es ist wieder einmal David, bei dem wir lernen können, wie man die Beziehung zu Gott so gestaltet, daß sie lustvoll und von Verlangen nach ihm gekennzeichnet ist. Er sagt am Anfang, daß es ihn nach Gott verlangt. Andere Übersetzungen stellen stärker die bereits vorhandene Lust heraus, die sich darin äußert, daß er Gott einfach erheben muß. In den Versen danach wird nun von David mitgeteilt, warum er eine solche intensive Gemeinschaft mit dem Herrn hat. Es ist erstens die Erfahrung, daß Gott geholfen hat. Darauf will ich dann später in einem gesonderten Punkt eingehen. David redet davon, daß keiner zuschanden wird, der auf ihn harrt.

In der Mitte der Beschreibung seiner Beziehung zu Gott stellt David immer wieder den einzigartigen Charakter heraus, den er bei seinem Herrn beobachten kann: Der Herr ist gut und gerecht (Vers 8). Er leitet die Elenden richtig und führt sie auf guten Wegen (Vers 9). Er ist ein Gott voller Barmherzigkeit und Güte (Vers 6). Das wird ein zweites Mal in Vers 7 verdeutlicht. Und er ist ein Gott der Güte und der Treue (Vers 10).

Es gibt keine Möglichkeit und auch keinen Grund, sich in Gott zu verlieben und seine Gegenwart als schön und berauschend zu erfahren, wenn wir nicht seinen einzigartigen Charakter wahrnehmen und als lustvoll und über die Maßen angenehm erlebt haben. Erkenntnis Gottes ist die Voraussetzung zur Liebe zu Gott. Die ganze Person Gottes ist gemäß der Selbstoffenbarung unseres Herrn voll von Freude und Wonne, so daß auch seine Gegenwart und seine Umgebung von seinem Charakter geprägt und erfüllt sind.

Psalm 16,11
Du tust mir kund den Weg zum Leben: Vor dir ist Freude die Fülle und Wonne zu deiner Rechten ewiglich.

Um Gott herum sind Freude und Wonne ohne Unterbrechung, weil Gott ein Gott der Freude ist.

Psalm 21,6-8
6 Er (der König, David selbst) hat große Herrlichkeit durch deine Hilfe; Pracht und Hoheit legst du auf ihn.

7 Denn du setzest ihn zum Segen ewiglich, du erfreust ihn mit Freude vor deinem Antlitz.
8 Denn der König hofft auf den Herrn und wird durch die Güte des Höchsten fest bleiben.

Die Güte und Liebe Gottes verbindet sich mit seiner Ausstrahlung, die voll von Pracht und Herrlichkeit ist und sich auf den legt, der sich Gott naht. Vor ihm ist einfach Freude, weil Freude die Ausstrahlung der konzentrierten Liebe, Güte und Herrlichkeit Gottes ist.

In dem anfangs zitierten Ausschnitt aus Psalm 25 ist zweimal davon die Rede, daß David täglich und immer wieder auf den Herrn harrt. Die Betonung des Wartens auf Gott und des Harrens seiner begegnet uns auch an anderen Stellen im Zusammenhang mit der Aussage einer lustvollen Beziehung zu Gott (Wir sehen es z. B. am Psalm 43, den wir noch untersuchen werden). In dieser Betonung des Wartens auf Gott sehen wir einen Hinweis, den wir als Gläubige beachten müssen, wenn wir aus der Routine und Monotonie unserer oberflächlichen Beziehung zum Herrn herauskommen wollen: Die Lust am Herrn, die uns allen verheißen ist, fällt nicht über uns, sondern entwickelt sich dann, wenn wir viel Zeit bei Gott verbringen.

Wer den Charakter Gottes kennt und gemäß dieser Kenntnis vor dem Herrn verharrt und dabei an dem Worte Gottes entlang geht, wird Offenbarungen von Gottes Schönheit, seiner Nähe und seiner großen Liebe bekommen. Er wird einfach den Charakter Gottes erfahren, nicht nur kennen.

Jesaja 40,31
Die auf den Herrn harren, kriegen neue Kraft, daß sie auffahren mit Flügeln wie Adler, daß sie laufen und nicht matt werden, daß sie wandeln und nicht müde werden.

Hier wird uns das Geheimnis mit anderen Worten verraten, wie wir in die Gegenwart Gottes hineinkommen, ohne von Ermüdung und Mattigkeit gequält zu werden. Wir sollen einfach vor dem Herrn ausharren. Darunter verstehe ich, daß wir mit seinem Wort erfüllt auf den Herrn sehen und das mit Überzeugung und Liebe aussprechen, was wir dann schon wissen und erfahren haben. Dann kommt der Augenblick, wo wir „auffahren", das heißt, wo wir in die Gegenwart Gottes hineingezogen werden. Das ist der Beginn der Wahrnehmung göttlicher Atmosphäre, himmlischen Friedens und lustvoller Beziehung zu einem durch und durch bejahenden und liebenden Gott.

Diesen Preis müssen wir bezahlen, wenn wir zu Gott kommen wollen. Aber ist es ein Preis? Schon die Zeit des Wartens, so sagt uns das Wort, soll für uns Freude werden, wieviel mehr der Augenblick, wenn wir dann die ganze Offenbarung Gottes bekommen.

Der dritte Gesichtspunkt, den wir in Psalm 25 finden, der zur Intensivierung der Beziehung zu Gott führt, heißt Wahrheit und Offenbarung seiner Wahrheit. David betete: „Leite mich in deiner Wahrheit und lehre mich! Denn du bist der Gott, der mir hilft; täglich harre ich auf dich." Es gäbe keinen Grund, so konzentriert auf den Herrn zu harren, wenn wir ununterbrochen alles an Eindrücken und Erfahrung gegenwärtig hätten, was der Herr uns anbietet. Durch das konzentrierte Warten auf den Herrn erleben wir Steigerungen der Beziehung zu Gott, in denen er seine besondere Wahrheit offenbart. Wie wichtig solche Erlebnisse der Tiefe, der Liebe und der Kraft Gottes und des Reichtums seiner Herrlichkeit sind, wird uns deutlich an dem Muster-Fürbittegebet des Apostels Paulus, das wir in Epheser 1 haben. Er bringt dort in den Versen 16 und 17 zum Ausdruck, daß er immer wieder in seinem Gebet an die Christen in Ephesus denkt, daß er den Vater der Herrlichkeit immer wieder darum bittet, daß er ihnen den Geist der Weisheit und der Offenbarung gebe, um ihn zu erkennen. Alles, was schön ist und Tiefe hat, beginnt mit ihm. Dann fährt er fort:

Epheser 1,18-19
18 Er erleuchte die Augen eures Herzens, daß ihr erkennen möget, zu welcher Hoffnung ihr von ihm berufen seid, und welchen Reichtum an Herrlichkeit er den Heiligen beschieden hat,
19 und was da sei die überschwengliche Größe seiner Kraft an uns, die wir glauben, weil die Macht seiner Stärke bei uns wirksam wurde.

Der Reichtum an Herrlichkeit und die überschwengliche Größe seiner Kraft an uns sind die Entsprechungen für das, was wir lustvolle Beziehung und Erfahrung von Wonne und Freude in der Gegenwart Gottes nannten.

Aus diesem Gebet können wir mit Sicherheit herauslesen, daß Paulus im ständigen und wiederholten Gebet für die Epheser eintrat, damit sie wirklich durch den Heiligen Geist tiefe Erkenntnisse von Gottes Wesen, seiner Herrlichkeit (die Summe aller seiner Eigenschaften) und seiner Kraft bekommen würden.

Ich selbst habe dieses Gebet immer und immer wieder gebetet, weil ich spürte, daß das Vordringen in die Gegenwart Gottes nicht durch menschliches Bemühen möglich ist. Wir bedürfen des Geistes der Erkenntnis und der Offenbarung, der uns vor den Thron Gottes führt, was nur dann geschieht, wenn wir auf den Herrn warten. Wir ergreifen jene Wahrheit, die wir bereits erkannt haben und verweilen mit ihr vor dem Herrn, um dann, durch solches konzentriertes Warten, zusätzliche Offenbarungen seiner Nähe und seiner Schönheit zu empfangen, die unser Leben prägen. Danach sind wir nicht mehr dieselben. In Hebräer 1,9 heißt es, daß Jesus die Gerechtigkeit geliebt und die Ungerechtigkeit gehaßt hat: „ ... darum hat dich, o Gott, gesalbt dein Gott mit dem Öl der Freude wie keinen anderen neben dir." Die Freude, die in Gott ist, wurde über den Heiligen Geist, der in diesem Wort als Öl der Freude angesprochen ist, auf Jesus ausgeschüttet. Die gesamte Gottheit ist an ihrer Freude erkennbar. Fehlt dieses Kennzeichen in unserem Leben, dann fehlt uns das Entscheidende, das uns durch die Schwierigkeiten und Engpässe dieses Lebens hindurchführen kann.

Die Freude der Gesegneten

In Psalm 25 sind wir schon auf den einfachen und unmittelbar nachempfindbaren Sachverhalt gestoßen, daß David vom Herrn begeistert war, weil er ein Gott ist, der hilft, und weil er ihn nicht zuschanden werden läßt. So finden wir es auch in

Psalm 84,3.7.8.12
3 Meine Seele verlangt und sehnt sich nach den Vorhöfen des Herrn; mein Leib und Seele freuen sich in dem lebendigen Gott.
7 Wenn sie durchs dürre Tal ziehen, wird es ihnen zum Quellgrund, und Frühregen hüllt es in Segen.
8 Sie gehen von einer Kraft zur anderen und schauen den wahren Gott in Zion.
12 Denn Gott der Herr ist Sonne und Schild; der Herr gibt Gnade und Ehre. Er wird kein Gutes mangeln lassen den Frommen.

Denselben Zusammenhang können wir in Psalm 63 feststellen:

Psalm 63,8-9
8 Denn du bist mein Helfer, und unter dem Schatten deiner Flügel frohlocke ich.
9 Meine Seele hängt an dir; deine rechte Hand hält mich.

Unsere Seele hängt dem Herrn an, wenn wir seinen Schutz und seine Hilfe erfahren. Wir werden mit Begeisterung und Überzeugung den Herrn loben und in großer Freude und Lust zu ihm stehen, wenn wir gesehen haben, wie er uns praktisch hilft, wie er uns aus dürren

Zeiten und schwierigen Umständen herausgezogen und die Verhältnisse glanzvoll zu unserem Besten gewandelt hat.

Wer das einmal und dann immer wieder erlebt, dessen Herz muß voll Dankbarkeit sein, was dann mit wenigen Schritten zur Freude, zur Wonne und wirklichen Lust an Gott führt.

Es gibt zwei Ebenen von Anbetung:

1. Wir sollen Gott anbeten, weil er anbetungswürdig ist. Dabei spielt es keine Rolle, in welcher Gemütsverfassung wir uns befinden. Indem wir den Herrn loben und preisen, entziehen wir uns dem Einfluß der vorhandenen Gefühle und Stimmungen und bringen die richtige Ordnung und Priorität in unsere Eindrücke und unser Innenleben, was zu einer Stabilisierung und Befriedigung unseres Herzens führt. In diesem Fall ist unsere Anbetung nicht der Ausfluß unseres Wohlergehens und unserer Lust an Gott, sondern ein Gehorsamsakt, den Gott segnet und durch den wir in Frieden und Freude hineingleiten.
2. Davon zu trennen ist die Anbetung, die auf einer Woge von Glückseligkeit und Begeisterung über Gott erfolgt. In der wörtlichen Fassung von Psalm 63,6 kommt das zum Ausdruck: „Meine Seele ist gesättigt wie durch Mark und Fett, daß ich dich mit fröhlichem Munde loben kann.“ Wenn es unserer Seele gut geht, wir also nicht nur in der Tiefe unseres Geistes Freude über Gott erfahren, dann können wir uns in wirklicher Lust und ehrlicher Begeisterung über Gott freuen.

Die Freude am Herrn ist eine Art Vorerfahrung zur Lust am Herrn. Gewiß werden alle Formen von Übergängen möglich sein, aber die klassische Freude am Herrn ist eine Freude, die mehr oder weniger aus dem Wohlergehen unseres Geistes und seiner Gemeinschaft mit Gott resultiert. Die Lust am Herrn schließt dahingegen offenbar das Mitschwingen der Seele ein, die ebenfalls voll von Gottes Segnungen getroffen worden ist. Dieses Zusammenspiel von Geist und Seele, die beide unter der Einwirkung von Gottes Kraft und Liebe jubilieren, ist wohl der Hintergrund dafür, daß im Umkreis der Thematik Lust und Wonne an Gott überzufällig häufig die Seele erwähnt wird:

Psalm 63,2
... Es dürstet meine Seele nach dir ...

Psalm 63,9
Meine Seele hängt an dir; deine rechte Hand hält mich.

Psalm 84,3
Meine Seele verlangt und sehnt sich nach den Vorhöfen des Herrn; mein Leib und Seele freuen sich in dem lebendigen Gott.

Psalm 119,20
Meine Seele verzehrt sich vor Verlangen nach deinen Ordnungen allezeit.

Psalm 119,81
Meine Seele verlangt nach deinem Heil; ich hoffe auf dein Wort.

Lust an Gott ist ein ganzheitliches Geschehen, das Geist und Seele betrifft und seine Auswirkungen auf den Leib hat (u.a. in Gestalt der Heilung von körperlichen Krankheiten).

Es ist nicht zu übersehen, daß in den letzten beiden zitierten Versen wie auch in den nächsten beiden Schriftworten weniger von der Lust und der Wonne am Herrn, sondern mehr von dem Verlangen und dem Durst nach ihm die Rede ist:

Psalm 86,4
Erfreue die Seele deines Knechtes; denn nach dir, Herr, verlangt mich.

Psalm 143,8
Laß mich am Morgen hören deine Gnade; denn ich hoffe auf dich. Tu mir kund den Weg, den ich gehen soll; denn mich verlangt nach dir.

Zwischen dem Zustand des Verlangens und Begehrens und der Erfahrung der Lust liegt ein erheblicher Unteschied, was das Quantum an Erfüllung und Befriedigung anlangt. Wenn unser Herz oder unsere Seele nach Gott verlangt, dann tut sie es, weil sie weiß, daß sie woanders nicht Sättigung ihrer Bedürfnisse erfährt. Das ist schon ein gewaltiger Fortschritt gemessen an den sonst unser Leben prägenden Erwartungen. Wer nach Gott verlangt, der kennt die Begrenztheit des üblichen weltlichen Angebotes. Die Begierde und das Wünschen des Gerechten soll gestillt werden, sagt dementsprechend das Wort Gottes:

Sprüche 10,24b
Was die Gerechten begehren, wird ihnen gegeben.

Jesaja 26,9a
Von Herzen verlangt mich nach dir des Nachts, ja, mit meinem Geist suche ich dich am Morgen.

Psalm 63,7
Wenn ich mich zu Bette lege, denke ich an dich, wenn ich wach liege, sinne ich über dich nach.

So äußert sich David, direkt nachdem er festgestellt hat, daß er durch die Sättigung seiner Seele imstande ist, mit fröhlichem Mund Gott zu loben.

Jesus sagt in Matthäus 5,6: „Selig sind, die da hungert und dürstet nach der Gerechtigkeit, denn sie sollen satt werden.“ Hier tritt es uns mit großer Gewißheit entgegen. Wer wirklich nach dem Herrn und seiner Gerechtigkeit Verlangen hat, der soll satt werden. So ist also nur ein kleiner, aber zugegeben nicht unwichtiger Schritt zwischen dem aufrichtigen Verlangen nach Gott und der Erfahrung der Sättigung, der Lust und Freude an ihm. Im ersten Fall besteht allein die Sehnsucht nach Gott, im zweiten Fall erweist sich diese Sehnsucht als gesättigt.

Lust am Wort Gottes führt zur Lust am Herrn

Der geradlinigste Weg zur Erfahrung der Lust an Gott verläuft über das Wort Gottes. Dieser Weg ist am stärksten in der Schrift in Gestalt von vielen einzelnen Aussagen bezeugt:

Psalm 1,2
Sondern er hat Lust am Gesetz des Herrn und sinnt über seinem Gesetz Tag und Nacht!

Psalm 119,131
Ich tue meinen Mund weit auf und lechze, denn mich verlangt nach deinen Geboten.

Psalm 119,20
Meine Seele verzehrt sich vor Verlangen nach deinen Ordnungen allezeit.

Psalm 111,2
Groß sind die Werke des Herrn; wer sie erforscht, der hat Freude daran.

Psalm 119,16
Ich habe Freude an deinen Satzungen und vergesse deine Worte nicht.

Psalm 119,24
Ich habe Freude an deinen Mahnungen; sie sind meine Ratgeber.

Psalm 119,77
Laß mir deine Barmherzigkeit widerfahren, daß ich lebe; denn ich habe Freude an deinem Gesetz.

Psalm 119,143
Angst und Not haben mich getroffen; ich habe aber Freude an deinen Geboten.

Psalm 119,174
Herr, mich verlangt nach deinem Heil, und an deinem Gesetz habe ich Freude.

Jeremia 15,16a
Dein Wort ward meine Speise, sooft ich's empfing, und dein Wort ist meines Herzens Freude und Trost.

Das Wort Gottes ist der Lieferant von Gnade und der Weg zu allen Wohltaten, die der Herr uns geben möchte. Die ständige Beschäftigung mit seinen Erklärungen und Beschreibungen seines Heils bereiten in unserem Herzen die Erfahrung der Lust und der Freude an Gott vor. Das Wort Gottes selbst kann uns schon erfreuen und wohltun, denn es ist ja nach den Aussagen der Evangelien identisch mit Jesus. Ohne die Vorerfahrung der Freude über die Verheißungen Gottes, die schon einen lustvollen Charakter haben (siehe Psalm 1), werden wir nie zu einer beständigen Beziehung zum Herrn kommen, die von Freude und Lust gekennzeichnet ist.

David, dem wir die meisten Aussagen über Lust am Herrn verdanken, war gleichzeitig der größte Liebhaber des Wortes Gottes, und er war es auch, der am stärksten im Worte Gottes die Gnade entdeckt hat. Diese drei Dinge gehören zusammen: Wort Gottes, Gnade Gottes, Lust an Gott. Der Zugang zu diesen schönen Erfahrungen hat nichts Willkürliches und Unberechenbares an sich, auf das wir nicht Einfluß nehmen könnten. Gott ist bereit, uns seine unbeschreiblich große Liebe und strahlende Freude so mitzuteilen, daß sie auch in die Gefühlswelt unserer Seele hineinstrahlt. Aber er braucht Abnehmer, die willens sind, mittels des Kanals des Wortes Gottes und durch den Heiligen Geist die Herrlichkeit seines Wesens und die

Freude seiner Gegenwart zu empfangen. Wenn wir in sein Wort schauen, dann schauen wir auf ihn. Wenn wir lange genug in sein Wort hineinsehen, werden wir sagen können:

Psalm 34,6a
Die auf ihn sehen, werden strahlen vor Freude.

Zum Schluß dieses Kapitels will ich noch zwei Schriftworte vorlegen, mit denen wir eine gewisse Mühe haben werden:

1. Petrus 4,13
Freuet euch, daß ihr mit Christus leidet, auf daß ihr auch zur Zeit der Offenbarung seiner Herrlichkeit Freude und Wonne haben möget.

Jakobus 1,2
Meine lieben Brüder, achtet es für lauter Freude, wenn ihr in mancherlei Anfechtung fallet.

Das Wort Gottes qualifiziert die Gefühlsregung, die wir in der Versuchung und Anfechtung erfahren sollen, dezent als Freude. Es wird wohl eine Freude im Geist sein, in der wir nicht vor lauter Glückseligkeit unsere Lust aus uns heraussprudeln. Dementsprechend sagt Jakobus auch, daß wir mißliche Umstände der Anfechtung wie Freude achten sollen, was eine Aufforderung ist, gegen unser Gefühlsleben die Umstände als Freude anzusehen. Aber in beiden Fällen wird eine solche Freude nachher von wunderbaren Resultaten gefolgt sein. Wenn der Herr seine Herrlichkeit offenbart, dann sollen wir Freude und Wonne erleben. Es ist wohltuend zu sehen, wie das Wort Gottes vorsichtig und genau differenziert. Freude ist Freude, wobei sie alle Übergänge zur Lust haben kann. Sie kann auch durchaus in Situationen uns anempfohlen werden, wo unserer Seele absolut nicht danach zumute ist. Das ist dann die Freude in Gott und in unserem Geist.

Kapitel 2

„Meine Seele, was ist los mit dir?"

Die bisher untersuchten Schriftaussagen zu dem Thema Freude und Lust am Herrn könnten den Eindruck erwecken, als ob wir uns ununterbrochen in einer geistlichen Hochstimmung bewegen sollen und müssen. Schön wär's; dagegen ist nichts einzuwenden. Aber das entspricht doch nicht der Meinung des Wortes Gottes. Wir sollen zwar allezeit, wie es Paulus sagt, uns im Herrn freuen. Aber es wurde in den letzten Schriftzitaten doch ersichtlich, daß das nicht unbedingt immer eine sehr laute und lustvolle Form der Freude sein muß.

Es ist wichtig, daß wir bei diesem schönen Thema nicht überziehen. Für die Korrektur eines derartigen fehlerhaften Eindruckes wird der nachfolgende Psalm sorgen, dem wir außerdem weitere sehr wichtige Wahrheiten entnehmen, wie die Lust am Herrn unter unseren praktischen Lebensbedingungen heute erreichbar ist:

Psalm 43,1-5
1 Gott, schaffe mir Recht und führe meine Sache wider das unheilige Volk und errette mich von den falschen und bösen Leuten!
2 Denn du bist der Gott meiner Stärke: Warum hast du mich verstoßen? Warum muß ich so traurig gehen, wenn mein Feind mich dränget?

3 Sende dein Licht und deine Wahrheit, daß sie mich leiten und bringen zu deinem heiligen Berg und zu deiner Wohnung,
4 daß ich hineingehe zum Altar Gottes, zu dem Gott, der meine Freude und Wonne ist, und dir, Gott, auf der Harfe danke, mein Gott.
5 Was betrübst du dich, meine Seele, und bist so unruhig in mir? Harre auf Gott; denn ich werde ihm noch danken, daß er meines Angesichts Hilfe und mein Gott ist.

Es ist offensichtlich, daß sich der Psalmschreiber in handfesten Problemen befindet. Er fühlt sich bedrängt und ist verfolgt von falschen und bösen Leuten. Ihm ist Unrecht widerfahren, und er ruft Gott um Rechtfertigung gegen die Anschuldigungen scheinheiliger Menschen an. Mit einem Wort: Diesem Beter geht es schlecht. Er fühlt sich ausgestoßen, isoliert, von seinen Feinden bedrängt und sieht sich in einer traurigen, depressiven Stimmung. In dieser Verfassung ist der Beter weit von allem entfernt, was mit Lust am Herrn zu tun hat.

Das ist tröstlich für uns. Auch die großen Männer Gottes können zwischendurch in Täler von Verstimmung, Mißmut und Trauer absinken. Sie sollen es nicht, aber wir sollten auch nicht zu geschwind und begeistert ihren Stimmungsniedergang begrüßen und feiern. Das könnte nämlich zu einer indirekten Bestätigung und Verfestigung unserer eigenen Schwächesituation führen. Dennoch, das Wort Gottes sagt uns, daß Menschen, die sehr wohl die Erfahrung von Gottes Freude und Wonne gemacht haben (Vers 4), in ein tiefes Loch von Trauer und Unruhe hineinfallen können.

Nun wollen wir uns aufgrund dieses inspirierten Wortes, das sich als ein göttlich offizieller Weg zur Hilfe darstellt, ansehen, wie der Beter aus diesem Loch herausgekommen ist. Zuerst vergegenwärtigt er sich, daß Gott ja der Gott seiner Stärke ist. Das ist für sich eine interessante Formulierung. Sie besagt, daß seine Stärke einen eigenen Gott hat. Der Beter macht sich deutlich, daß seine Stärke nach seiner eigenen früheren Erfahrung Gott selbst war. Er fragt sich in diesem Zusammenhang, warum er so traurig dahergehen muß. Das ist eine hilfreiche Anfrage an sich selbst, was seinen eigenen Zustand relativiert. Er nimmt seine Innenverfassung nicht als eine unveränderbare Naturkonstante hin, sondern fragt: „Was ist los mit mir? Weswegen muß ich so traurig aussehen? Es muß ja alles seine Gründe haben."

Nach dieser richtigen Frage kommt er zur richtigen Bitte: „Sende dein Licht und deine Wahrheit, daß sie mich leiten und bringen zu deinem heiligen Berg und zu deiner Wohnung." Dieses Wort stößt weit in neutestamentliche Offenbarungsbereiche vor. Der Beter tut genau das, was wir als eine Art Gesetzmäßigkeit schon erkannt haben. Er weiß, daß er eine zusätzliche Offenbarung, daß er Licht und Wahrheit braucht, die ihn hinführen in die Gegenwart Gottes, in die Erfahrung der Herrlichkeit Gottes.

Man kann nicht die Erwähnung des heiligen Berges und der Wohnung Gottes, von denen sich der Betende Trost und Freude erwartet, hören, ohne sofort an die Schilderung des heiligen Berges Zion denken zu müssen und an seine Qualität der Offenbarung von Gottes Freundlichkeit, Güte und Liebe im Gegensatz zu der alttestamentlichen Offenbarung Gottes am Horeb:

Hebräer 12,18-24
18 Denn ihr seid nicht gekommen zu dem Berge, den man anrühren konnte und der mit Feuer brannte, noch zu dem Dunkel und Finsternis und Ungewitter,
19 noch zu dem Hall der Posaune und zum Schall der Worte, bei dem die Hörer baten, daß ihnen kein Wort mehr gesagt würde;
20 denn sie vermochten's nicht zu ertragen, was da gesagt ward: „Und wenn auch nur ein Tier den Berg anrührt, soll es gesteinigt werden."
21 Und so schrecklich war die Erscheinung, daß Mose sprach: „Ich bin erschrocken und zittere."

22 Sondern ihr seid gekommen zu dem Berge Zion und zu der Stadt des lebendigen Gottes, dem himmlischen Jerusalem, und den vielen tausend Engeln
23 und zu der Versammlung und Gemeinde der Erstgeborenen, die im Himmel angeschrieben sind, und zu Gott, dem Richter über alle, und zu den Geistern der vollendeten Gerechten
24 und zu dem Mittler des neuen Bundes, Jesus, und zu dem Blut der Besprengung, das da besser redet als Abels Blut.

Der Berg Zion, der in Psalm 43 gemeint ist, wird hier als die Offenbarungsstätte des lebendigen Gottes, als das himmlische Jerusalem, als die Versammlung der Gemeinde, als der Ort genannt, an dem sich Jesus opferte und mit seinem Blut die Sünde zum Schweigen brachte. Wer nicht die neue Qualität von Gottes Handeln an uns als Ausdruck seiner Liebe und seiner Güte hellbewußt erfaßt und sich sehr konturstark abgesetzt hat von den ebenfalls wahren Offenbarungen Gottes im Alten Testament (die aber moralische Leistungen und Gericht forderten), der wird im Fall der Not, der Selbstanklage und Trauer nur mit großer Mühe aus seinem Stimmungstief und seiner Verzweiflung heraustreten können.

Das ist ja das Problem der allermeisten Christen, daß sie theoretisch wissen, daß Gott ein gütiger Gott ist. Mit ihrer Hinwendung zu Jesus haben sie auch offiziell bewiesen, daß sie die Gnade Gottes in ihr Leben eingeladen haben, aber in den praktischen Belangen des Alltages und vor allem bei ihrem Wandern durch Niederungen und dürre Täler tragen sie diese Gewißheit eines freundlichen und bewahrenden Gottes doch nicht im Herzen. Sie schließen dann aus den Umständen auf die Haltung und Absichten des Herrn.

Der Mann, der das Gebet in Psalm 43 gesprochen und geschrieben hat, kannte Gottes Wesen, aber er bat dennoch in seiner Verfassung um eine erneute Offenbarung seiner Barmherzigkeit und Gnade. In diesem Mustergebet ist jeder Satz wichtig. Nachdem der Beter Gott eingeladen hat, sich ihm zu offenbaren, damit er den Weg zu seiner Gegenwart findet, spürt er (Vers 4), daß er den letzten Rest der Wegstrecke, nachdem Gott sich wieder gezeigt hat, selbst zu gehen hat: „ ... daß ich hineingehe zum Altar Gottes, zu dem Gott, der meine Freude und Wonne ist, und dir, Gott, auf der Harfe danke, mein Gott."

Offenbarung Gottes ist eine Sache. Sie annehmen und auf sie zuzugehen, das ist eine andere Sache. Wenn der Herr uns erneut Erkenntnis über sich und sein Wesen gegeben hat, dann müssen wir uns aufmachen und das für uns im Glauben beanspruchen. Wir müssen mit beherzten Entscheidungen den Zustand der freudelosen Heiligkeit, wenn es eine solche Heiligkeit überhaupt gibt, beenden. Deswegen spricht der Beter nun Gott als den Gott seiner Freude und seiner Wonne an und trifft die Entscheidung, Gott auf der Harfe zu danken.

Wir haben keinen direkten Weg zu unseren Emotionen, so daß wir einfach einem Gefühl oder einem Lustzustand sagen können: „Lust, komme über mich!" Aber wir haben die Möglichkeit, die von Gott vermittelte Erkenntnis über seinen Charakter anzunehmen und in seine Gegenwart und Herrlichkeit hineinzugehen. Das ist ein Glaubensschritt und gleichbedeutend mit Eintritt in Freude und Wonne. In diesem Geschehen wird Gottes Freude und Wonne unsere Freude und Wonne. Laßt uns achten auf das besitzanzeigende Fürwort „mein" in diesem Zusammenhang.

Unser Umgang mit unserer Seele

Laßt uns ehrlich sein, diese Schilderung, wie der Psalmschreiber die Kurve bekam, wird uns nicht ganz überzeugt haben. Das kommt einem wie idealisiert vor, als ob die

Männer Gottes über andere Fähigkeiten und Ressourcen verfügten als wir sterblichen Leute. Sie schaffen es einfach, auf Kommando eine Stimmung umzudrehen und von Trauer in Gottes Freude und Wonne zu gelangen.

Wenn das der Fall ist, daß wir diesen Eindruck nicht abwehren können, daß hier ein Mann Gottes über ein Potential verfügt, das uns verschlossen ist, und deswegen in dieser unverstehlichen Behendigkeit, die allem Irdischen entrückt zu sein scheint, einfach umschalten kann, dann wird uns der Fortgang des Textes in diesem unserem Zweifel helfen, indem uns nämlich der letzte Vers dieses Psalms in ganz neue und aufschlußreiche Bereiche unserer selbst führt. Das Wort Gottes weist uns einen Weg auf, wie wir in einem ähnlichen Fall, den wir vielleicht selbst erleiden, aus den Niederungen heraustreten können.

Der Beter spricht auf einmal seine eigene Seele an und fragt sie, weswegen sie so betrübt und so unruhig in ihm sei. Das ist bemerkenswert, und hat in der Weltliteratur der Geistesgeschichte und Humanwissenschaft keine Parallele! Der Mann, dessen Weg aus Trauer und Mißmut wir verfolgen, distanziert sich in seinem Gebet von der Haltung und Gemütsverfassung seiner eigenen Seele! Er fragt gleichsam: „Was ist los mit dir, Seele? Was soll das alles, was du in mir bewirkst? Ich habe dich nicht gebeten, solche turbulenten und deprimierenden Gefühle in mir zu erzeugen. Ich nehme das nicht hin!"

Kann man so mit sich und seiner Seele umgehen? Das mutet ja an wie eine Spaltung der eigenen Persönlichkeit. Natürlicherweise würden wir annehmen, daß eine derartige Anfrage an die eigene Seele zur Trennung der Gesamtpersönlichkeit führt und uns zum Schaden gereichen müßte.

Aber dahinter steht das biblische Menschenbild, das sich in jeder Hinsicht unterscheidet von jeder Form und Variante des weltlichen Menschenbildes. Die Menschen Gottes, zumindest die Nachfolger Jesu, die die Grunderfahrung einer geistlichen Geburt gemacht haben, sollen sich nicht von ihrer Seele bestimmen lassen. Es ist nicht nur erlaubt, sondern unbedingt notwendig, daß wir unserer Seele auf die Finger klopfen und in Distanz zu ihr gehen, um ihr klarzumachen, daß wir ihre Intrigen und zwanghaften Gefühlsprodukte nicht hinnehmen. Unser Ich, daß nach der neutestamentlichen Grunderfahrung der Bekehrung und der Wiedergeburt identisch ist mit unserem von Gott uns gegebenen neuen Geist, hat sich gegen die Seele zu stellen, und ihr nachdrücklich zu erklären: „Auf deine Machenschaften und emotionalen Schlammschlachten falle ich nicht herein. Ich akzeptiere die Stimmung und dein Selbstmitleid und die daraus erfolgenden Gedanken von Unstetigkeit und Unruhe nicht. Ich ergebe mich nicht deinen Affekten und Gefühlen. Vielmehr sage ich dir, was du zu tun hast.“ Dann kommt eine Aufforderung an die Seele, deren Überraschungsmoment und Grad von Besonderheit noch über dem liegt, was dieser ganze Vers an Auffälligkeit bietet. Manche Lehrer in der Wort- und Glaubensbewegung, die mit gutem Recht besonderen Wert auf eine angemessene Darstellung des Geistes legen, können mit diesem Befehl wenig anfangen: „Harre auf Gott!“ Gemeint ist immer noch die Seele!

Unser Ich, unser Geist, soll die Seele nicht nur disziplinieren und kontrollieren, was in der Praxis bedeutet, daß sie ihre schrulligen und launischen Gefühlsaufwallungen und Stimmungen im Zaum hält. Sie soll der Seele sogar den positiven Befehl geben, auf Gott zu warten. Der Kundige unter meinen Lesern weiß, daß die biblische Lehre vom Menschen die Aussage beinhaltet, daß wir mit Gott vorrangig über unseren Geist kommunizieren. Diese Aussage gilt, aber sie bedeutet nicht notwendigerweise, daß unsere Seele gänzlich außerstande wäre, mit Gott in Beziehung zu treten. Hier haben wir den Befund: Wir sollen unserer Seele, also der Instanz des Denkens und Rechnens, des Fühlens, der Stimmungen und des Willens befehlen, sich an Gott zu wenden, auf seine Offenbarungen zu warten und sich mit Gott zu beschäftigen.

Daraus müssen wir folgern, daß Gott auch zu unserer Seele redet und sie mit seiner Erscheinung und mit seinem Reden beeinflußt, sofern wir unsererseits durch unseren Geist die Kontrolle über sie vollzogen haben. Das darf den bibelkundigen Leser nicht zu sehr irritieren. Wir können sofort ein sehr gewichtiges Wort aus dem Neuen Testament herbeiziehen, das ebenfalls davon redet, daß es eine Beziehung zwischen Gott und unserer Seele geben kann:

Matthäus 22,37-38
37 ... Du sollst lieben Gott, deinen Herrn, von ganzem Herzen, von ganzer Seele und von ganzem Gemüte.
38 Dies ist das vornehmste und größte Gebot.

Wir sind wieder bei Psalm 43 und wir finden auch in diesem Zusammenhang das Wort „harren“. Dieser Vers 5 in Psalm 43 ist gleichsam die methodische Anleitung zu der Erfahrung, die davor beschrieben ist, daß wir aus der Trauer und Unruhe heraus hin zu Gott, unsere Freude und Wonne, kommen sollen. Der Weg zu dieser Umprägung der Seele, die für unsere schwankenden Stimmungen und unguten Reaktionen auf Außenumstände verantwortlich ist, besteht darin, daß wir sie durch unseren Geist unter unsere Herrschaft bringen und in den Dienst unseres Geistes stellen. Damit zwingen wir sie, sich auf Gott zu konzentrieren und Gottes Gedanken und anschließend seine Gefühle und Stimmungen aufzugreifen.

Es bleibt dabei, die Lust am Herrn und die Erfahrung, daß er unsere Freude und Wonne ist, ist ohne die Vermittlung der Seele und ohne ihre Disziplinierung nicht möglich. Auf der anderen Seite, so sagt uns das Wort, ist es uns möglich, sogar unser Auftrag, die Herrschaft über die Seele anzutreten. Wenn wir einen erneuerten Geist haben, sind wir imstande, das unruhige Etwas, die ständig wogende und schwankende Seele, die ihr Eigenleben durchsetzen will, in Unterordnung unter unser Ich zu bringen. Das wird ihr letztlich sehr bekommen, und dann wird sie ein Vermittler von Gottes Wonne und Freude für unsere Gesamtperson werden. Am Ende werden wir Gott danken, daß er die Hilfe unseres Angesichtes geworden ist. Das heißt, wir werden im Sichtbaren seine Gegenwart und seine Freude erfahren und mit Überzeugung auf ihn als unseren großen Gott schauen.

Dieser Psalm gibt uns einen ersten und noch bescheidenen Einblick in die biblische Anthropologie. Diese normhafte Erfahrung, die uns Psalm 43 als den neuen Standard des Überwindens von Trauersituationen vorlegt, kann nicht irgendwie erreicht werden. Nur unter gewisser Beachtung der biblischen Lehre über unsere Innenstruktur und die seelisch-geistlichen Abläufe in unserem Wesen werden wir imstande sein, zu der Normalerfahrung zu kommen, daß Gott unsere Freude und Wonne ist. Die anderen können nur davon träumen, was ihnen nach einiger Zeit auch vergehen wird, wenn sich die Erfahrung nie einstellt. Die Wonne an Gott ist nicht zu trennen von dem Bezug zum Gehorsam gegenüber der Wahrheit.

Kapitel 3

Die Ruhe der Lustvollen und die Lust der Ruhenden

In diesem Kapitel werden wir noch mehr Einblick nehmen in die Hintergründe der Lust am Herrn. Wir werden sehen, daß die Lust an Gott die schönste Form des Lebens und Genießens ist, weil Gott selbst das Ziel unserer Liebe und Lust ist. Wir werden jedoch auch wahrnehmen, daß dieser Lebensstil des Genießens der Liebe Gottes weitaus mehr umgreift als nur die Entscheidung, Gott an die erste Stelle aller Freuden und Erwartungen zu setzen. Wenn die Lust am Herrn unser Ziel und unser höchster Genuß wird, hat das auch Einfluß auf unsere Lebensführung, so daß wir uns in einen bemerkenswerten Gegensatz zu manchen bürgerlichen Normen und frommen Konventionen stellen werden.

Der Schluß des Kapitels 58 aus dem Buch Jesaja führt uns in sehr sonderbare Zusammenhänge, die mit der Lebensmaxime der Lust am Herrn verbunden sind:

Jesaja 58,13-14
13 Wenn du deinen Fuß am Sabbat zurückhältst und nicht deinen Geschäften nachgehst an meinem heiligen Tage und den Sabbat „Lust" nennst und den heiligen Tag des Herrn „Geehrt"; wenn du ihn dadurch ehrst, daß du nicht deine Gänge machst und nicht deine Geschäfte treibst und kein leeres Geschwätz redest,

14 dann wirst du deine Lust haben am Herrn, und ich will dich über die Höhen auf Erden gehen lassen und will dich speisen mit dem Erbe deines Vaters Jakob; denn des Herrn Mund hat's geredet.

Bevor ich auf Vers 13 näher eingehe, will ich auf die Aussage hinweisen, die uns Vers 14 vermittelt: „Dann wirst du deine Lust haben am Herrn, und ich will dich über die Höhen auf Erden gehen lassen und will dich speisen mit dem Erbe deines Vaters Jakob; denn des Herrn Mund hat's geredet." Diese Verbindung von Lust am Herrn und einem sehr präzisen nachfolgenden Segen, der dennoch von großer Umfänglichkeit ist, kennen wir bereits. Psalm 37,4, das Wort, von dem wir ausgegangen sind, hat denselben Aufbau: „Habe deine Lust am Herrn und er wird dir geben, was dein Herz wünscht."

Die Lust am Herrn muß dem Herrn so wichtig sein, daß er von ihr diese gewaltigen Segnungen abhängig macht, die hier beschrieben werden. Gott will uns dann über die Höhen auf Erden gehen lassen. Das betrifft einzelne Christen und sicher auch die Versammlung der Gläubigen, die die Lust am Herrn entdeckt haben. Die Gläubigen und ganze Gemeinden sollen hier auf Erden, es ist also nicht von himmlischen Epochen die Rede, erleben, wie sie von Gott erhoben werden, wie die Zeit der Niederungen vorbei ist, wie sie für die menschliche Gesellschaft sichtbar privilegiert sind und daß sie auf der göttlichen Sonnenseite des Lebens sind. Die Zeit der Talwanderung der Gemeinde Jesu in Schmach, Verkennung und Demütigung hat ein Ende, wenn die Gläubigen entdecken, was es mit der Lust am Herrn auf sich hat.

Der zweite Segen, der dann verheißen wird, besteht darin, daß wir das Erbe unseres Vaters Jakobs antreten. Jakob war jener unter den Patriarchen, der am Anfang alles selbst machen wollte, um dann sich mehr und mehr Gott zu überlassen und sich von seinen eigenen Machenschaften, Listigkeiten und schlitzohrigen Tricks zu trennen. Er wurde danach auf der Ebene von Gnade und Vergebung über die Maßen mit Weisheit und Besitz gesegnet. Obendrein wurde er der Träger der Verheißung. Jakob wurde durch sein späteres Verhalten der Inbegriff und Prototyp eines gesegneten Menschen aus Gnade. Sein Schicksal soll unsere Erfahrung werden, so redet es des Herrn Mund, wenn wir unsere Lust vor allem beim Herrn suchen.

Ich nehme diese Worte mit der Schilderung der gewaltigen Segensauswirkungen sehr ernst. Sie korrespondieren mit Aussagen der Schrift an anderer Stelle, wonach die Gemeinde Jesu in der Endzeit eine glanzvolle Entwicklung erfahren wird. Das entspricht nicht den Überzeugungen, die viele pietistische Christen hinsichtlich der Zukunft haben. Sie erwarten ein weiteres Zusammenschmelzen der Gemeinde Jesu auf einen kläglichen, aber treuen Überrest. Aber des Herrn Mund hat geredet, daß er seine Gemeinde über die Höhen auf Erden führen wird. Das ist die Außenentsprechung im Sichtbaren von der Innenerfahrung der Lust am Herrn gemäß der göttlichen Gesetzmäßigkeit, daß der, der hat, noch mehr empfangen soll. Wenn die Gemeinde Jesu in ganzer Breite zur Lust am Herrn vorstößt, dann wird der dazugehörige Segen so gewaltig sein, wie es dieser Text darstellt.

Bis jetzt gingen wir von der vorhandenen Lust am Herrn aus und haben uns auch genußvoll ihre Auswirkungen angesehen. Der Text führt aber diese Lust im Sinne eines Bedingungssatzes ein: „Wenn du das und das tust, dann wirst du die Lust am Herrn haben.“ Was ist also die Voraussetzung für die Lust am Herrn, wie sie in diesem Abschnitt betont wird? Die Antwort auf diese Frage erscheint äußerst merkwürdig: „Wenn du deinen Fuß am Sabbat zurückhältst und nicht deinen Geschäften nachgehst an meinem heiligen

Tage und den Sabbat „Lust“ nennst und den heiligen Tag des Herrn „Geehrt“; wenn du ihn dadurch ehrst, daß du nicht deine Gänge machst und nicht deine Geschäfte treibst und kein leeres Geschwätz redest, dann wirst du deine Lust am Herrn haben.“

Müssen wir diese Gebote so verstehen, daß wir den Sabbat halten sollen, um dann zur Lust am Herrn zu gelangen? Das kann schlechterdings nicht so gemeint sein, weil es eine derartige alttestamentliche Lehre des Sabbats im Hinblick auf die Lust am Herrn an keiner Stelle in der Schrift gibt und am allerwenigsten im Neuen Testament zu erwarten ist. Obendrein wäre die Plazierung einer solchen Lehre im zweiten Teil des Jesajas sehr ungewöhnlich, weil diese Kapitel die strahlendsten prophetischen Darstellungen neutestamentlicher Wahrheiten überhaupt enthalten.

Wir kommen auf die richtige Fährte, wenn wir uns vergegenwärtigen, daß Sabbat eigentlich nur „Ruhe“ bedeutet. Das dazugehörige Verb meint ruhen oder seine Tätigkeit einstellen. So ist der Sabbattag nichts anderes als ein Tag der Ruhe. Es wird mithin in diesem Abschnitt eine starke Betonung auf das Gebot gelegt, den Ruhetag zu heiligen.

Wie sieht nun die Entsprechung für diesen Begriff im Neuen Testament aus? Der Hebräerbrief verlängert die biblische Lehre über das Ruhen auf neutestamentlicher Ebene:

Hebräer 4,1-7.9-11

1 So lasset uns nun mit Furcht darauf achten, daß euer keiner dahintenbleibe, solange die Verheißung noch besteht, daß wir einkommen zu seiner Ruhe.
2 Denn es ist auch uns verkündigt gleichwie jenen; aber das Wort der Predigt half jenen nichts, da die nicht glaubten, die es hörten.
3 Denn wir, die wir glauben, gehen ein in die Ruhe, wie er spricht: „Ich schwur in meinem Zorn, sie sollten zu meiner Ruhe nicht kommen.“ Nun waren ja die Werke von Anbeginn der Welt fertig,
4 denn so spricht er an einer Stelle der Schrift von dem siebenten Tag: „Und Gott ruhte am siebenten Tage von allen seinen Werken.“

5 Gleichwohl heißt es an dieser Stelle abermals: „Sie sollen nicht kommen zu meiner Ruhe.“
6 Da es nun bestehen bleibt, daß etliche sollen zu Gottes Ruhe kommen, und die, denen es zuerst verkündigt ist, nicht dazu gekommen sind um des Ungehorsams willen,
7 bestimmt er abermals einen Tag, ein „Heute“, und sagt durch David nach solcher langen Zeit, wie eben gesagt ist: „Heute, wenn ihr seine Stimme hören werdet, so verstocket eure Herzen nicht.“
9 So ist also noch eine Ruhe vorhanden dem Volke Gottes.
10 Denn wer zu Gottes Ruhe gekommen ist, der ruht auch von seinen Werken gleichwie Gott von den seinen.
11 So lasset uns nun Fleiß tun, hineinzukommen zu dieser Ruhe, auf daß nicht jemand zu Fall komme in gleichem Ungehorsam.

Zunächst heißt es, daß die, die glauben (also seine Verheißungen annehmen), in die Ruhe Gottes eingehen werden. Sagen wir es einmal anders: Nicht diejenigen, die etwas haben, gehen in die Ruhe Gottes ein, sondern diejenigen, die das, was sie haben, durch Glauben an die Verheißungen Gottes empfangen haben, gelangen zur göttlichen Ruhe. Die Erfahrungen von Millionen von Menschen lehren uns, daß Besitz oder Fähigkeit selbst nicht zur Ruhe führen, sondern eher zum Gegenteil. Wer nicht durch Glauben zu Resultaten kommt, sondern sie seinen eigenen Anstrengungen verdankt, wird wohl sichtbar Ergebnisse vorweisen können, aber dadurch nicht befriedigt werden und zur Ruhe kommen können. Er wird unter der ständigen Bedrohung leiden, sie zu verlieren.

Nun wird uns gesagt, daß auch Gott von seinen Schöpfungswerken, die er zu Beginn der Welt vollführte, ruht. Und dieses Ruhen währt bis zum heutigen Tag. Weil nun Gott ruht von seinen Werken, sollen auch wir von unseren Werken ruhen, denn er ist unser Vorbild. Diese Ruhe Gottes setzt also die bereits vollzogene und vollendete Ruhe und auch die Bereitstellung von allen göttlichen Werken voraus. Weil er alles bereits getan hat und auch das, was wir in unserem Alltag durch Gebetserhörungen und Nutzung der uns von Gott gegebenen Energien und Fähigkeiten schaffen sollen, bereits im unsichtbaren Raum vorliegt, deswegen dürfen und können wir auch ruhen:

> **Epheser 2,10**
> **Denn wir sind sein Werk, geschaffen in Christus Jesus zu guten Werken, welche Gott zuvor bereitet hat, daß wir darin wandeln sollen.**

Weil Gott all jene Taten und Werke schon für uns geschaffen hat, die unseren Lebensweg bestimmen und führen sollen, deswegen können wir ruhen von unseren eigenen Werken. Wir sollen einfach in die im unsichtbaren Raum vorliegenden göttlichen Werke hineinschlüpfen, um mit ihnen zu wandeln, das heißt, sie im Alltag zu gebrauchen.

Wir können nur zur Ruhe Gottes kommen, wenn wir auch von unseren eigenen Werken ruhen. Das ist ein Teil des Evangeliums und nicht der schlechteste.

Gottes Geist fordert uns dann in Vers 7 von Hebräer 4 auf, das „Heute“ dieses göttlichen Angebotes und Gebotes richtig zu verstehen und zu nutzen. Wir sollen unsere Herzen nicht verstocken, indem wir in unserer alten Denkweise und Gepflogenheit im Umgang mit Werken bleiben. Es ist eine weitere Ruhe für das Volk Gottes vorhanden.

Uns ist nicht nur Frieden mit Gott in dem Sinne verheißen, daß durch Jesus der Kriegszustand zwischen Gott und der Menschheit aufgehoben ist, weil Jesus uns mit dem Vater versöhnt hat. Die Sünde, die die Menschen von Gott trennte, ist durch Jesus gesühnt worden. Das führt zu einer göttlichen Ruhe im Sinne der Befriedung unserer Beziehung zu Gott. Aber hier wird eine weitere Ruhe angeboten, die darin besteht, daß wir von unseren eigenen Werken ruhen, gleichwie Gott von den seinen ruht. Diese Ruhe ist nicht nur schön und lustvoll. Sie ist auch nötig, weil jeder, der nicht zu dieser Ruhe findet, in dem gleichen Ungehorsam zu Fall kommt wie die Israeliten früherer Jahrtausende.

Das ist ein höchst bedeutsamer Sachverhalt: Wer bei allen Segnungen seiner Errettung durch Jesus Christus, der Erfahrung der Taufe in den Heiligen Geist und des Umgangs mit dem geglaubten Wort in seiner täglichen Nachfolge dennoch versäumt, dieses göttliche Ruhen von seinen eigenen Werken und Anstrengungen zu praktizieren, begibt sich in Ungehorsam und kommt unweigerlich zu Fall! Der Hintergrund dieses Zusammenhanges zwischen Ausführen von eigenen Werken und Fall in Ungehorsam und Untergang liegt in der Natur der eigenen Werke. Wenn wir *unsere* Taten tun und *unsere* Werke verrichten, dann leben wir aus unserer Kraft, nähren damit unseren Stolz und bewegen uns praktisch in Abkoppelung vom Herrn in der Unabhängigkeit von Gott. Das ist ein Zustand von Selbstvergiftung, in dem wir allmählich ersticken und innerlich faul werden, weil wir ununterbrochen das Gift der faktischen Trennung von Gottes Kraft und Gnade, die alles in uns tun will, in uns aufnehmen.

Eigene Werke sind grundsätzlich Werke, die ihren Ursprung nicht in Gott haben, die sich gegen uns stellen und Tod bringen:

Hebräer 9,14
... das Blut Christi, der sich selbst als ein Opfer ohne Fehl durch den ewigen Geist Gott dargebracht hat, wird unser Gewissen reinigen von den toten Werken, zu dienen dem lebendigen Gott.

Eigene Werke sind nach der Definition dieses Verses tote Werke. Sie sind Handlungen ohne den Impuls Gottes in sich, ohne die Kraft der Gnade und ohne Verbindung zu jener Instanz in diesem Universum, aus der alles Leben kommt: Gott. Als solche toten Werke – die tot sind und Tod bringen – belasten sie auch unser Gewissen.

Die geheime Funktion der toten Werke besteht darin, uns zu verherrlichen und den Nachweis zu bringen, daß wir in unserer praktischen und dosierten Unabhängigkeit von Gott dennoch etwas zuwege bringen. Jesus sagt: „Ohne mich könnt ihr nichts tun.“ Aber wir meinen, den Beleg dafür beibringen zu müssen, daß wir doch einiges tun können.

Indem wir uns so unseren eigenen Werken hingeben, die in Grenzen auch lustvoll sind, berauben wir uns unmerklich aber zunehmend und nachhaltig selbst. Verdammnisgefühle, Freudelosigkeit und Stimmung von Mißmut und Unruhe kommen immer mehr über uns, um uns dann ausgewachsene Schuldgefühle, Lustlosigkeit, Depression und am Ende Lähmung zu bescheren.

Diese Resultate werden nicht durch ausgemachte Sünde im Sinne unseres bürgerlich-moralischen Bewertungsmaßstabes erzeugt, sondern durch den unscheinbaren, ja bürgerlich hochanständigen Sachverhalt des Leistens, der Strebsamkeit und des Nachweises von Leistungsfähigkeit und Fertigkeit.

Gott will solche Resultate in unserem Leben, aber nicht aus unserer eigenen Kraft, sondern in der Ausgestaltung von Werken, die aus seiner uns gewährten Gnade fließen. Wer sich dann doch darauf versteift, als Nachfolger Jesu sich nach seinen eigenen Vorstellungen auszuleben und seine eigenen Werke zu tun, begibt sich praktisch in den Gegensatz zu Gott und bereitet damit seinen Fall vor.

Nach Hebräer 6,1 ist die Lehre von dem Abtun unserer toten Werke eines der Grundelemente biblischer Wahrheit und wird dort an erster Stelle genannt:

Hebräer 6,1-2
1 Darum wollen wir jetzt lassen, was im Anfang über Christus zu sagen ist, und uns zum Vollkommenen wenden; wir wollen nicht abermals Grund legen mit der Lehre vom Abtun der toten Werke, vom Glauben an Gott,

2 vom Taufen, vom Händeauflegen, von der Toten Auferstehung und vom ewigen Gericht.

Gemessen an der Selbstverständlichkeit, wie diese Lehre zu den Grundlagen unseres Glaubens gerechnet wird, ist die Praxis der meisten Christen noch sehr verbesserungsbedürftig. Wir sehen unseren Fleiß und die Hingabe an zu bewältigende Aufgaben als eine Selbstverständlichkeit an. Wenn wir dann überführt worden sind, daß wir Gott mit dem Einsatz unserer eigenen Kraft beiseite gedrängt und nicht die Ehre gegeben haben, dann sind wir tief im Herzen davon überzeugt, daß es sich dabei um ein harmloses Kavaliersdelikt handelt, um dann vielleicht sogar stolz zu sein auf die doch nachgewiesene eigene Leistungsfähigkeit.

Wir merken dabei nicht, daß wir uns mit einer solchen leistungsbezogenen Haltung, die ununterbrochen unsere eigene Kraft glorifiziert, selbst das Grab schaufeln. Damit entfernen wir uns praktisch aus der Gegenwart Gottes. Wir stellen uns gegen ihn, indem wir die Konkurrenz unserer eigenen Leistungsfähigkeit anmelden, und begeben uns faktisch im Umkreis der Thematik Leistung, Werke und Arbeit in einen gottfreien Raum, der sofort vom Feind besetzt wird.

Jesus sagt (Johannes 4,34), daß seine Speise darin besteht, daß er den Willen dessen tut, der ihn gesandt hat, und so sein Werk vollendet. Im Verständnis von Jesus war das Vollenden der Werke, die er von Gott empfangen hat, so lustvoll und so erfreulich, daß er davon ernährt wurde. Unsere eigenen Werke ernähren uns nicht, sondern zerstören uns.

So sehen wir einen interessanten und nicht auf Anhieb erkennbaren Zusammenhang zwischen Lust am Herrn und dem Eingang in die göttliche Ruhe. Solange wir noch davon überzeugt sind, daß wir auch etwas beisteuern können und unsere eigenen Kräfte einsetzen wollen, schlagen wir praktisch das Angebot der Gnade Gottes und die Übernahme der von Gott bereits gefertigten Werke aus. Man kann dann ehrlicherweise nicht an jenem Herrn Freude oder gar Lust empfinden, gegen den man sich mit seinen eigenen Werken praktisch gestellt hat. Dahinter steht doch die Überzeugung, daß unsere eigenen Handlungen und die dadurch empfangene Ehre und Vergegenwärtigung unserer Leistungsfähigkeit uns mehr Lust verschaffen als die Beziehung zu Gott.

In letzter Konsequenz gibt es in diesem Universum nur zwei Lustquellen: Die eine besteht in der Beziehung, die wir zu Gott haben und in der uns der Herr auf dem Wege von Geschenken und Gnade mit seiner Freude überströmt. Die andere resultiert aus eigener Leistung und dem eigenen Herrschen, das seine Genugtuung darin empfängt, den Nachweis zu bringen, daß wir auch etwas können und Macht haben.

Wir sollen nun, so sagt es uns Hebräer 4,11, mit Fleiß danach trachten, in diese Ruhe zu kommen, auf daß wir nicht durch Ungehorsam fallen. Der Fleiß, der uns hier anempfohlen wird, bezieht sich gewiß auf das Wort Gottes, von dem in den nächsten Versen die Rede ist. Wenn wir die Verheißungen Gottes, die Beschreibungen der Liebe Gottes, seiner Sehnsucht, mit uns Gemeinschaft zu haben, und alle Werke, die er schon für uns getan hat, mit Fleiß in unser Herz hineinziehen, wird seine Ruhe über uns kommen. Vom Worte Gottes gelangen wir dann zum Herrn selbst.

Dementsprechend sagt uns Jesaja 58,13: Wenn wir die göttliche Ruhe schätzen und achten, so daß die Ruhe selbst für uns lustvoll wird, indem wir mit Freuden die Gnade des Herrn annehmen (das ist die Voraussetzung des Ruhens), dann haben wir mit der Lust an der Ruhe Gottes auch schon die Lust am Herrn selbst.

Um überhaupt einmal willens zu werden, sich Lust auf diesem Wege zu holen, braucht man die Kenntnis des Wesens Gottes, seines einzigartigen Charakters und seiner Gnade.

Nur wer Gnade in ihren praktischen Auswirkungen als Ausfluß der Güte Gottes kennengelernt hat, wird auf seine eigenen Maßnahmen verzichten, sich durch Leistungen und Anstrengungen Ehre von Menschen und Lust durch Selbstbestätigung zu verschaffen. So müssen wir folgern, daß nur der im Umgang mit Gnade Erfahrene – derjenige, der also schon lustvolle Erlebnisse mit Gnade gemacht hat – auf seine eigenen Werke verzichten wird. Ihm wird die Zuwendung Gottes und die Lust, durch Geschenke Segen und Bestätigung zu empfangen, so wertvoll sein, daß er getrost und gelassen auf alle Formen von Selbstverwirklichung verzichtet. Das ist auch der Grund dafür, daß in den vorhergehenden Versen des zitierten Abschnittes aus Jesaja das Hohelied der Gnade gesungen wird. Dieses Kapitel handelt davon, was Gott denjenigen erleben läßt, der nicht nur Gnade von ihm genommen hat, sondern auch Gnade weiterreicht.

Jesaja 58,6-12
6 Das aber ist ein Fasten, an dem ich Gefallen habe: Laß los, die du mit Unrecht gebunden hast, laß ledig, auf die du das Joch gelegt hast! Gib frei, die du bedrückst, reiß jedes Joch weg!
7 Brich dem Hungrigen dein Brot, und die im Elend ohne Obdach sind, führe ins Haus! Wenn du einen nackt siehst, so kleide ihn, und entzieh dich nicht deinem Fleisch und Blut!
8 Dann wird dein Licht hervorbrechen wie die Morgenröte, und deine Heilung wird schnell voranschreiten, und deine Gerechtigkeit wird vor dir hergehen, und die Herrlichkeit des Herrn wird deinen Zug beschließen.
9 Dann wirst du rufen, und der Herr wird dir antworten. Wenn du schreist, wird er sagen: Siehe, hier bin ich. Wenn du in deiner Mitte niemand unterjochst und nicht mit Fingern zeigst und nicht übel redest,
10 sondern den Hungrigen dein Herz finden läßt und den Elenden sättigst, dann wird dein Licht in der Finsternis aufgehen, und dein Dunkel wird sein wie der Mittag.
11 Und der Herr wird dich immerdar führen und dich sättigen in der Dürre und dein Gebein stärken. Und du wirst sein wie ein bewässerter Garten und wie eine Wasserquelle, der es nie an Wasser fehlt.

12 Und es soll durch dich wieder aufgebaut werden, was lange wüst gelegen hat, und du wirst wieder aufrichten, was vorzeiten gegründet ward; und du sollst heißen „Der die Lücken zumauert und die Wege ausbessert, daß man da wohnen könne."

Dieses Wort Gottes an seine Gemeinde ist ein flammender Appell, jede Form von Unterdrückung, Knechtung, Manipulation und Freiheitsberaubung gegenüber anderen aufzugeben. Wir sollen jedes Joch – tatsächlich jede Form von Beherrschung und Gewaltanwendung – beenden. Das schließt auch jene subtilen Formen von Unterdrückung ein, die durch Mittel des Wortes, der Mimik und Gestik, des Meidens, der Isolierung, der Ironie und Verachtung und der Mißachtung zum Ausdruck kommen. Das ist nicht die Aufforderung zu einem moralisch hochangesiedelten Verhaltensstandard, sondern angewandte Gnade, die man zuvor selbst für sich empfangen hat. Die Botschaft Gottes in den vorhergehenden Kapiteln ist dementsprechend: Wir sollen Gottes Erlösung und Güte durch Gnade empfangen und uns nicht abmühen, mit saurem Verdienst unter Einsatz unserer Leistung das zu erzielen, was doch nicht satt macht (Jesaja 55,1-3). Wer sich aber überzeugen läßt, daß Gott tatsächlich ohne Gegenleistung uns ununterbrochen mit seinen Geschenken und seiner Liebe überhäufen will – was nichts anderes als Gnade ist – der wird schließlich diese Gnade ergreifen und dann auch imstande sein, sie weiterzuleiten.

Was Gott an Auswirkungen und Belohnung dem Gnädigen in diesen Versen verheißt, sprengt alle Dimensionen des Gewöhnlichen und unserer Erfahrung. Der Herr will auf das Gewähren von Gnade unsererseits damit antworten, daß er unser Licht hervorbrechen lassen will wie die Morgenröte – ein Bild der Wahrheit, Kraft und Bedeutung, die von uns ausgehen wird. Unsere Heilung soll schnell voranschreiten, was sie bei dem Gnadenarmen nicht tut. Unsere

Gerechtigkeit, die eine Gerechtigkeit aus Gnaden durch Glauben ist, wird Gott selbst darstellen, und er wird unseren Wandel mit seiner eigenen Herrlichkeit wie den Abschluß einer Prozession schmücken. Zu den Verheißungen gehört dann auch, daß der Herr sofort auf unser Gebet reagiert, daß er sich selbst zur Verfügung stellt und sagt: „Siehe, hier bin ich“, wie man es von einem Butler gewohnt ist. Was für ein Wort, welche Demut und Liebe drücken sich hier aus. Der Herr wird uns führen und sättigen unter allen Umständen, die Dürre verwandeln und unseren Leib schützen und stärken. Wir werden nie in Defizit und Mangel kommen und werden durch Gott befähigt werden, die lange wüst liegende Gemeinde Gottes aufzurichten und die uralten Planungen Gottes mit seiner Gemeinde, die eine jahrhunderte- bis jahrtausendelange Verzögerung erfahren haben, zu realisieren. Wir, die Gnadenempfänger und Gnadengewährenden, sollen die personifizierten Lückenmaurer und Wegeausbesserer sein. Der Segen, der auf uns ausgeschüttet werden soll, ist schier grenzenlos. Die praktizierte Wahrheit des richtigen Umgangs mit Gottes Gnade muß dem Herrn über die Maßen am Herzen liegen.

Es ist offensichtlich, daß in der Verbindung und in der Reihenfolge dieser Wahrheiten System und Logik ist. Ich will noch einmal den Weg des Gerechten zur Lust am Herrn mit seinen einzelnen Abschnitten kurz skizzieren:

1. Die Entwicklung hin zu einer lustvollen Beziehung zu Gott beginnt mit der Erkenntnis von Gottes Gnade, die grenzenlos ist und uns alle Leistung und Mühe abnimmt, aber uns auch keine Ehre gestattet, die wir uns selbst nehmen könnten. Wir erkennen, daß Gnade Gottes uns so gut tut und uns mehr Freude und Lust verschafft, als wir uns durch eigene Leistung und Streben nach Anerkennung verschaffen könnten. Das ist der Augenblick, in dem die Entscheidung getroffen wird, auf den weltlichen

Weg der Selbstverwirklichung als Lustquelle zu verzichten.

2. Indem wir Gnade nehmen und ihre wohltuende Wirkung an uns erfahren, fühlen wir uns gedrängt und sind auch imstande, diese Gnade weiterzureichen, was ihre Lust und die Dimension ihrer Wirkung an uns und an anderen steigert.
3. In dem subjektiven Erleben, innerlich und äußerlich vom Herrn gesegnet zu sein und trotz dann hereinbrechender Verfolgung und Ablehnung durch andere, die diesen Weg nicht gehen, kann man sich in einer hervorragenden Position der Freude- und Lustbilanz sehen. Dann formiert sich in uns das bewußte und überzeugte Ja zur Ruhe von den eigenen Werken und dem Ruhen in Gott. Vorher, so scheint mir, ist das nicht möglich.
4. Wenn wir an Gottes Seite und in intensiver Gemeinschaft mit ihm von unseren eigenen Werken ruhen, dann trennt uns nichts mehr von Gott, dann bewegt uns die Lust am Herrn und treibt uns noch näher hin zu ihm. Die überzeugte und geistlich rational begründete und durch schöne Vorerfahrung bereits gesicherte Abstinenz von eigenen Werken ist die Voraussetzung, daß die letzten Trennungen und Spannungen zwischen uns und Gott dahinfallen. Solange wir noch mit unserem eigenen Programm beschäftigt und von der eigenen Kraft überzeugt sind, ruhen wir nicht in Gott, weil wir etwas tun, was nicht von ihm kommt und letztlich gegen ihn gerichtet ist. Das ist der Hintergrund dieser zunächst sonderbar anmutenden Verbindung von „Ruhen von unseren Werken“ und der „Lust am Herrn“.

Wir können nun verstehen, daß eine solche Lust am Herrn nicht über uns fällt und auch nicht durch einzelne schöne Gebetserhörungen oder andere erfreuliche Erfahrungen mit Gott als Lebensstil zustande kommen kann. Dazu müssen wir einen Prozeß von Reifeschritten und zunehmenden Freiheitsgraden durchlaufen. Dieser Ablauf stellt allerdings keine Aufeinanderfolge von hohen Zielen und erreichten Leistungen dar. Wir brauchen wohl Zeit dazu, weil unsere Natur erst durch ständige Beschäftigung mit den übernatürlichen Angeboten Gottes zu der Überzeugung kommt, daß hier reale Lust- und Erfahrungsmöglichkeiten vorliegen. Letztlich wird uns die Wahrheit in den Prozeß hineingeleiten und durchführen. Die Wahrheit macht frei, auch zur Lust am Herrn.

Kapitel 4

Das Gnadenjahr ist bereits ausgerufen

Als Jesus in seiner Heimatstadt Nazareth die Grundzüge des Evangeliums und die Lehre vom Reich Gottes vorstellte, ging er zurück auf die Prophetie des Jesaja:

Jesaja 61,1-10

1 Der Geist Gottes des Herrn ist auf mir, weil der Herr mich gesalbt hat. Er hat mich gesandt, den Elenden gute Botschaft zu bringen, die zerbrochenen Herzen zu verbinden, zu verkündigen den Gefangenen die Freiheit, den Gebundenen, daß sie frei und ledig sein sollen;
2 zu verkündigen ein gnädiges Jahr des Herrn und einen Tag der Vergeltung unseres Gottes, zu trösten alle Trauernden,
3 zu schaffen den Trauernden zu Zion, daß ihnen Schmuck statt Asche, Freudenöl statt Trauerkleid, Lobgesang statt eines betrübten Geistes gegeben werden, daß sie genannt werden „Bäume der Gerechtigkeit", „Pflanzung des Herrn", ihm zum Preise.
4 Sie werden die alten Trümmer wieder aufbauen und, was vorzeiten zerstört worden ist, wieder aufrichten; sie werden die verwüsteten Städte erneuern, die von Geschlecht zu Geschlecht zerstört gelegen haben.
5 Fremde werden hintreten und eure Herden weiden, und Ausländer werden eure Ackerleute und Weingärtner sein.
6 Ihr aber sollt Priester des Herrn heißen, und man wird euch Diener unsres Gottes nennen. Ihr werdet der Völker Güter essen und euch ihrer Herrlichkeit rühmen.

7 Dafür, daß mein Volk doppelte Schmach trug und Schande ihr Teil war, sollen sie doppelten Anteil besitzen in ihrem Lande und ewige Freude haben.
8 Denn ich bin der Herr, der das Recht liebt und Raub und Unrecht haßt; ich will ihnen den Lohn in Treue geben und einen ewigen Bund mit ihnen schließen.
9 Und man soll ihr Geschlecht kennen unter den Heiden und ihre Nachkommen unter den Völkern, daß, wer sie sehen wird, erkennen soll, daß sie ein Geschlecht sind, gesegnet vom Herrn.
10 Ich freue mich im Herrn, und meine Seele ist fröhlich in meinem Gott; denn er hat mir die Kleider des Heils angezogen und mich mit dem Mantel der Gerechtigkeit gekleidet, wie einen Bräutigam mit priesterlichem Kopfschmuck geziert und wie eine Braut, die in ihrem Geschmeide prangt.

In diesem Wort verheißt Gott, daß wir ewige Freude haben sollen (Vers 7), daß wir uns über die Maßen im Herrn freuen sollen, und daß unsere Seele fröhlich sein soll in Gott. Das ist das Ziel und die Auswirkung seines Programms. Wie ist der Weg dahin gemäß diesem Text? Die Prophetie spricht zweifelsfrei von Jesus, wie dieser sich auch dieses Wort angeeignet hat und stellt ihn dar als den Sohn Gottes, der durch Salbung des Heiligen Geistes befähigt worden ist, die Gute Botschaft den Elenden zu bringen, die zerbrochenen Herzen zu verbinden, den Gefangenen die Freiheit zu verkünden und den Gebundenen, daß sie frei und ledig sein sollen. Das sind wohlbekannte Worte.

Aber dann kommt jener Teil der Weissagung, der inzwischen durch das Kommen Jesu und die Ausgießung des Heiligen Geistes in Erfüllung gegangen ist und der uns wohl auch vertraut ist, mit dem aber wir Gläubigen doch weitaus geringere Anschauungen verbinden: Jesus kam, um ein Gnadenjahr des Herrn zu verkündigen und einen Tag der Vergeltung unseres Gottes, zu trösten alle Trauernden.

Das Gnadenjahr beweist sich darin, daß unsere Schinder Vergeltung erfahren sollen. Gemeint sind die unsichtbaren Schinder, die dämonischen Kräfte, die die Menschheit peinigen und quälen. Der andere Ertrag des Gnadenjahres besteht darin, daß alle Trauernden, die sich trösten lassen wollen, getröstet werden sollen. Was für ein umfassendes Programm! Weiß der Herr, was er sich da vorgenommen hat? Gilt das auch für uns heute, die wir noch in einer unerlösten Umwelt, vor dem Tausendjährigen Reich oder der Wiederkunft des Herrn leben?

Der Fortgang des Textes läßt keinen Zweifel daran, daß diese wunderbaren Verheißungen uns Gläubigen gelten, die wir unter den jetzigen Bedingungen leben.

Das Gnadenjahr im Alten Testament trat nach 3. Mose 25,10-24 jedes 50. Jahr ein und war das Jahr nach dem siebenten Sabbatjahr, in dem jeweils in Israel Ruhe herrschen sollte. Dieses Jahr war dem Herrn heilig, das heißt, für Gott reserviert. In ihm sollten alle Gefangenen freigelassen werden, um zu ihrer Familie zurückkehren zu können, und es sollte ihnen die Rückgabe ihres Besitzes zugestanden werden. In diesem Jahr sollte nicht gesät, nicht geerntet und nicht gearbeitet werden. Die Israeliten durften essen, was von allein wächst, und ansonsten sich dem Übermaß der Ernte anvertrauen, die vor dem Sabbatjahr eingebracht wurde und das dreifache der normalen Ernte umfaßte.

Die Anwendung dieser Inhalte auf das Neue Testament sind augenscheinlich: Wir sollen eine konkrete und reale Befreiung erleben. Im Unterschied zu der begrenzten Dauer des völligen Gnadenerlasses in alttestamentlichen Zeiten ist unsere Freiheit und die Rückerstattung der uns zustehenden Güter unbegrenzt. Wir sollen freigesetzt werden von allem, was uns gebunden und geschlagen hat, was uns arm und unfrei macht, und sollen eingehen in das Erlebnis der totalen Gnade.

Jesaja beschreibt im einzelnen, was das bedeutet: Es sollen alle Trauernden getröstet werden, so daß die, die durch Verlust von Menschen, Beziehungen und Besitz, durch Zerstörung von Ruf und Ehre und durch Beeinträchtigung ihrer Seele, durch Minderwertigkeitsgefühle und Defizite unfrei trauern, nicht nur Tröstung erfahren. Sie sollen Schmuck statt Asche, Freudenöl statt Trauerkleider und Lobgesang (wörtlich: den Mantel des Preises) statt eines betrübten Geistes gereicht bekommen. Der Herr sorgt dafür, daß alle Bestandteile eines ausgetauschten Lebens voll von Schmuck, Schönheit, Freude und Lobpreis zur Verfügung gestellt werden. Aber wir müssen diese göttlichen Materialien und Angebote annehmen!

Wir haben auf einen feinen Unterschied zu achten: Die Erfahrung der Errettung und der Vergebung wird uns direkt von Gott zuteil und von ihm selbst vollzogen. Das Wort sagt (Vers 10), daß der Herr selbst uns die Kleider des Heils angezogen und den Mantel der Gerechtigkeit übergelegt hat. Wenn es aber darum geht, daß wir aus unserer Stimmung der Trauer, der Verzweiflung und des Grämens über unser Defizit heraustreten sollen, dann müssen wir insofern aktiv werden, als wir die zugereichten göttlichen Geschenke empfangen und uns selbst anziehen oder über uns ausgießen.

Wer die Erfahrung der neuen Geburt durch Jesus gemacht hat und vom Heiligen Geist erfüllt ist, hat keinen Grund mehr zu trauern. Er selbst soll sich aller Gründe des Trauerns und des Trauerkleides entäußern und das Salböl des Heiligen Geistes über sich ausschütten, das ihn zur Freude befähigt. Er selbst soll sich nicht mehr seinen Defiziten und verpaßten Chancen der Vergangenheit hingeben, sondern den Schmuck ergreifen, wie er dem Verlorenen Sohn auch vom Vater gereicht worden ist, als er ins Vaterhaus zurückkam. An dieser Stelle versagen so viele Christen, die das Reich Gottes wie ein Schlaraffenland ansehen, in welchem ihnen die Kostbarkeiten und Schätze wie von allein in den Mund fallen. Im Reiche Gottes herrscht eine feine, aber hartnäckige Ordnung. Wir können umgeben sein von den größten Kostbarkeiten, die Jesus uns erworben hat, und dennoch in Trauer, Selbstvorwurf, Elend und im Dreck umkommen. Unser Heranwachsen zu stattlichen Bäumen der Pflanzung des Herrn, die ihn und seine Qualität ausweisen und verherrlichen, hängt ausschließlich davon ab, daß wir die Wohltaten im Glauben ergreifen, bevor wir sie fühlen.

Auch dieser Text aus Jesaja gibt ein beredtes Zeugnis davon, daß die einzelnen Christen und die Gemeinde Jesu insgesamt, die die uralten Offenbarungen von Gottes Herrlichkeit und Absichten am Ende der Zeiten entdecken und anwenden werden, eine einzigartige Entwicklung von Freude, Macht und Einfluß erfahren werden. Gott beteuert, daß sein Volk, das über lange Zeit doppelte Schmach und Schande tragen mußte, einen doppelten Anteil an Segen empfangen und ewige Freude haben soll. Sie werden, wie wir es gelesen haben, uralte Trümmer wieder aufbauen und das, was seit Urzeiten brachlag, nämlich die Gemeinde Jesu, zu ihrem ursprünglichen Glanz zurückführen. Die verwüsteten und daniederliegenden Gemeinden, im Text die verwüsteten Städte, werden erneuert. Die Gemeinde Gottes wird trotz aller Verfolgung, die der Feind gegen sie inszeniert, unter den Geschlechtern herrschen. Die Fremden und die Nichtgläubigen werden ihre Diener sein und für sie sorgen, während die Gemeinde Jesu in ihrem priesterlichen Amt fungiert.

Der Glanz der Heiligen und des Leibes Jesu wird so stark sein, daß unter den Völkern klar sein wird, wessen Herkunft sie sind, und daß sie die Gesegneten des Herrn sind.

Das sind nicht nur erstaunliche und atemberaubende Worte. Sie beschreiben gleichzeitig die Auswirkung der geistlichen Regel, die Jesus formuliert hatte: „Wer hat, dem wird gegeben werden.“ Unausgesprochen ist die Voraussetzung für diese grandiose Entwicklung der Gemeinde Jesu in den kommenden Zeiten ihr Zugang zu der Lust am Herrn. Der Begriff steht nicht wörtlich, sondern nur sinngemäß am Ende dieser Darstellung: „Ich will mich über die Maßen (so wörtlich) freuen im Herrn, und meine Seele ist fröhlich in meinem Gott.“ Die Freude von uns Gläubigen an Gott wird dann der Lust gleichen, die der Bräutigam am Tage der Hochzeit hat und die Braut, die in ihrem Geschmeide prangt.

Am Schluß dieses Kapitels, in Vers 11, finden wir dann noch die Deutung und Erklärung dieses Geschehens:

Jesaja 61,11
Denn gleichwie Gewächs aus der Erde wächst und Same im Garten aufgeht, so läßt Gott der Herr Gerechtigkeit aufgehen und Ruhm vor allen Heidenvölkern.

Gerechtigkeit Gottes, die wir aus Gnade durch Glauben empfangen haben, birgt in sich das gesamte göttliche Potential für alle diese schönen und gewaltigen Erfahrungen. Die Gerechtigkeit gleicht einem Samen, der in den Erdboden gesetzt wird. Wie in einem Garten aller Samen aufgeht und die Gewächse wachsen, so entfaltet auch die Gerechtigkeit ihre Kraft, wenn sie in unserem Herzen eingebettet ist. Gerechtigkeit, die aufgeht und sichtbar wird, ist nichts anderes als Herrlichkeit Gottes in uns und über uns.

Römer 8,30
... welche er aber gerecht gemacht hat, die hat er auch herrlich gemacht.

Der Weg zur Lust am Herrn mit allen Folgen und Nebenwirkungen ist nicht beschwerlich. Er beschreibt eigentlich nichts anderes als die Stadien der aufgehenden

Gerechtigkeit Gottes, die in sich die Qualität der Herrlichkeit Gottes birgt. Wenn diese zunehmende Entfaltung von Gottes Freudenpotential dann auch unsere Seele erreicht, was Jesaja damit zum Ausdruck bringt, daß er seiner Seele den Befehl gibt, sich zu freuen, dann ist die Lust am Herrn Realität geworden.

Wir wollen den Rahmen nicht aus den Augen verlieren, der uns durch das Schlüsselwort aus Psalm 37 gesetzt ist: Wir sollen unsere Lust am Herrn haben und werden dann erfahren, daß die Wünsche unseres Herzens in Erfüllung gehen. Bei allen untersuchten Schriftaussagen, die dieses Thema aufgreifen, sehen wir diese beiden Erfahrungen immer eng miteinander verbunden. Wer in der Lust am Herrn lebt, der wird sich nicht nur tief innen in seinem Herzen freuen, aber niemand wird es sonst sehen. Die Lust am Herrn setzt ungeheure Energien frei. Wer so ausschließlich und einseitig Gott die Priorität einräumt, daß er Lust von ihm haben will, der ist gesichert und ungefährdet, wenn die Segnungen über ihn kommen. Die Lust am Herrn ist die Garantie dafür, daß er nicht abgleitet in den Verrat am Herrn, indem er von den Resultaten der Segnungen lebt. Den Herrn sucht er und genießt ihn, den Rest bekommt er dazu.

Kapitel 5

Lust und Lüge

Wir verhalten uns alle nach demselben Muster. Niemand von uns strebt etwas an, das Unlustgefühle erzeugt und keinen Vorteil bringt. Was nicht lustvoll ist, ist kein Ziel für uns. Ununterbrochen taxieren wir alle vor uns befindlichen Möglichkeiten danach, ob sie uns einen Gewinn an Freude, Komfort und Lust verschaffen. Gemäß dem zu erwartenden Fortschritt an Wohlergehen und Lust verhalten wir uns. Wenn wir erkennen, daß eine ins Auge gefaßte Handlung einen Lustzuwachs gibt, werden wir aus einer Erwägung eine Entscheidung machen. Im anderen Fall verwerfen wir den Plan.

Niemand von uns kann diesem Prinzip entrinnen. Einige Menschen denken und entscheiden kultivierter. Sie sehen die langfristigen Perspektiven und lassen sich deswegen nicht auf jene Handlungen ein, die sofort Lust verheißen, aber nachher einen fragwürdigen Ausgang haben. Ein wesentlicher Teil von dem, was man Kultur und Zivilisation nennt, besteht überhaupt darin, daß man nicht jede sofortige Triebbefriedigung zuläßt, sondern zugunsten von verzögerten, aber dann langfristigen Freuden und Vorteilen handelt. Ein solches Verhaltensmuster kann durchaus vor der biblischen Norm bestehen. Es ist sinnvoll.

Aber es bleibt der Sachverhalt, daß wir nie gegen unsere Lust handeln.

Dieses Prinzip macht sich der Teufel zunutze, indem er unsere Lustziele unter seine Behandlung der Lüge nimmt. Er pervertiert die wirklich wichtigen Lustziele so, daß sie entstellt werden oder gar nicht mehr erkennbar sind beziehungsweise ihre Attraktivität einbüßen und stellt andere primitive Gelüste so in den Vordergrund unseres Denkens und Strebens, daß wir an ihnen einfach nicht vorbeikommen und ihr Opfer werden.

Wenn Gott nicht begehrenswert und lustvoll erscheint, wird kein Mensch sich aufmachen, um ihn zu suchen und zu erfahren. In einem solchen Fall hat der Teufel sein Ziel erreicht, durch Lüge Gott jegliche Attraktivität und Qualität zu rauben. So ist es wichtig, daß wir Gott richtig erkennen, um nicht durch verkehrte Information betrogen zu werden, weil wir nicht wußten, daß Gott nicht nur heilig und groß, sondern auch gütig, freundlich und von großer Liebe ist.

In dieser Weise sind viele gläubige Christen bereits betrogen worden, so daß sie es einfach nicht fertigbringen, gegenüber Gott ein Gefühl aufzubringen, das so etwas wie Lust enthält. Daß die Person Gottes so faszinierend sein könnte, daß sie unsere vorrangige Lust ist, erscheint solchen Menschen völlig unverstehbar und unnachempfindbar. Zweifelsfrei geben sich manche Christen Mühe, ihre Beziehung zu Gott zu verbessern, aber weil sie von Anfang an eine verkehrte Sicht des Charakters Gottes haben, kommen sie nicht richtig weiter, da sie nie gegen ihre eigenen Vorbehalte mit Erfolg ankämpfen werden. Wenn Gott nun einmal in unserem Bewußtsein mit Unlustgefühlen und negativen Gedanken und Bewertungen assoziiert wird, wird uns keine Kraft dazu bringen, seine Nähe zu suchen. Im Gegenteil, wir werden Angst haben und ihm nicht zu nahe kommen wollen.

Der Feind setzt dieses Mittel der Verunstaltung der Person Gottes systematisch ein, um ganze Generationen von Menschen an Gott vorbeizulenken. Das ist von seiner Sicht aus ein sehr erfolgreiches Mittel. Was tun wir dagegen? Wir haben keine andere Möglichkeit als die, den wahren Sachverhalt klarzustellen und erlebbar zu machen, indem wir die Lüge des Teufels durchkreuzen, um ihn mit all seinen Vasallen in einem exakt geplanten Krieg zu verjagen. Wir müssen ihm verbieten, seine Lüge weiter zu verbreiten. Wir können den Feind binden, seinen Mund stopfen und alle Machenschaften der Propagierung von Lüge und Entstellung verhindern. Gleichzeitig können wir mit denselben Eingriffsmöglichkeiten die Empfänglichkeit der Menschen für Gott wiederherstellen.

2. Korinther 10,3-5
3 Denn ob wir wohl im Fleisch wandeln, so streiten wir doch nicht fleischlicherweise.
4 Denn die Waffen, mit denen wir kämpfen, sind nicht fleischlich, sondern mächtig im Dienste Gottes, zu zerstören Befestigungen.
5 Wir zerstören damit Anschläge und alles Hohe, das sich erhebt wider die Erkenntnis Gottes, und nehmen gefangen alle Gedanken unter den Gehorsam Christi.

Die sogenannte geistliche Kriegsführung hat weltweit unter den Christen eine Renaissance erfahren. Darunter versteht man das Bekämpfen eines besiegten Feindes, der sich in den Lüften, also in der Atmosphäre aufhält. Von ihm gehen ständig gedankliche Einflüsse und Versuchungen aus, die alle von Lüge gekennzeichnet sind. Die Lüge ist die einzige Methode, die dem besiegten Feind Gottes, dem Teufel, noch verblieben ist.

Nun ist es interessant zu sehen, daß die dämonischen Kräfte in der Atmosphäre durch verkehrte Gedanken, die wie Anschläge auf die Menschen einwirken, diese irritieren, peinigen, ängstigen und unsicher machen wollen. Die so vorbereiteten und verunsicherten Menschen, die auch Christen sein können, werden dann gelockt mit hohen Gedanken, hohen Philosophien oder hohen Zielen, die sich dabei gegen die Erkenntnis Gottes stellen und diese gleichsam verdecken. Hier liegt der Punkt.

Der Feind weiß sehr wohl, daß er mit den Mitteln der Zerstörung, der Ängstigung und der Unterdrückung nur einen Teilerfolg erreichen kann. Das andere Verfahren besteht darin, mit lustvolien und hohen bzw. schönen Angeboten und Zielsetzungen die Menschen zu bewegen, in die verkehrte Richtung zu gehen. Lustvolle Ziele setzen uns leicht in Bewegung. Damit sie nicht als ein Irrlicht oder eine Täuschung durchschaut werden können, muß der Feind ununterbrochen neue Lügen erzeugen, durch die ein ganzes System von verkehrten Gelüsten und Lustempfänglichkeit zustande kommt.

Wer sich erst einmal auf ein bestimmtes verkehrtes Ziel eingestellt hat, weil er sich davon einen Lustgewinn verspricht, wird so schnell nicht von dieser Vorstellung lassen können. Die Bejahung eines Lustangebotes sorgt für eine Art Fixierung der Lusterwartung, die so lange anhält, bis am Ende die schmerzhaften und peinlichen Folgen des Scheiterns einen zur Vernunft bringen.

Mit unseren göttlichen Kampfesmitteln, die in der glaubenden Proklamation unserer Überlegenheit und Autorität über den Teufel und im stetigen Vortragen des Wortes Gottes gegen ihn und seine dämonischen Untergebenen bestehen, können wir den Feind zum Schweigen bringen. Wir haben Macht über ihn und die Gedanken, die er aussendet, so daß nach regelmäßigen und fortlaufenden geistlichen Attacken der Feind sich zurückziehen muß.

Das Wort Gottes verrät uns in Psalm 18, daß wir so lange an bestimmten dämonischen Strukturen dranbleiben sollen, sie immer wieder zu Boden schlagen, verfolgen, jagen und demütigen sollen, bis der Feind sich nicht mehr erholen kann und für eine Zeit sein Gebiet räumen muß. Das wird dann daran erkennbar sein, daß ein Mensch oder bestimmte Menschen, vielleicht sogar ganze Städte und Kreise empfänglich werden für das Evangelium. Auf einmal sind sie imstande, geistliche Zusammenhänge ganz selbstverständlich zu erfassen und darauf angemessen zu reagieren. Es kommt zu Bekehrungen, Freisetzungen, Heilungen und allen anderen Erfahrungen, die das Evangelium uns verheißt.

Die Menschen dieser Welt würden zu einem Riesenprozentsatz, zu Millionen und Milliarden zum Herrn überlaufen, wenn sie erkennen würden, wie schön, einzigartig und lustvoll unser Herr ist. Sie wären in ihren alten Positionen nicht zu halten. Aber sie wissen nicht, daß Gott da ist. Und die, die es dennoch wissen, bleiben abwartend oder auf Distanz, weil sich ihre Gottesvorstellung nicht mit irgendwelchen erfreulichen Aspekten verbindet.

Das alles können wir korrigieren. Die Gemeinde Jesu, die regelmäßig und mit Überzeugung gegen die dämonischen Kräfte angeht, die in ihrer Umgebung verkehrte Lustziele ausgeben und das Bild Gottes völlig entstellen, wird erleben, wie diese Kräfte uns untertan sind und auf unsere beherzten und kontinuierlichen Maßnahmen der kriegerischen geistlichen Offensive hin weichen müssen. Wenn die Gemeinde Jesu ihre einzigartige Möglichkeit erkennt, das Reaktionsverhalten der Welt durch geistliche Kriegsführung zu beeinflussen, dann wird die Erweckung nicht lange auf sich warten lassen. Es wird sich dann auch im geistlichen Umfeld das Prinzip – wir begehren, was wir als für uns vorteilhaft, schön und lustvoll erkannt haben – als Segen herausstellen.

Unsere Gelüste und Gebetserhörung

Wenn man der Lehre der Schrift über die Lust Gottes und unsere eigene Lust konsequent bis in alle Verästelungen folgt, dann wird man nach und nach in die zentralen theologischen und seelsorgerlichen Fragen hineingezogen. Es ist ganz und gar nicht unwichtig, woher man seine Freude bezieht, in welche Richtung unsere Lust uns treibt und wer der Absender unserer Gelüste ist.

Jakobus 4,1-6
1 Woher kommt Streit und Krieg unter euch? Kommt's nicht daher: aus euren Lüsten, die da streiten in euren Gliedern?
2 Ihr seid begierig und erlanget's damit nicht; ihr mordet und neidet und gewinnet damit nichts; ihr streitet und kämpfet. Ihr habt nicht, darum daß ihr nicht bittet;
3 ihr bittet und empfanget nicht, darum daß ihr übel bittet, nämlich darum, daß ihr's in euren Lüsten verzehren wollt.
4 Ihr Abtrünnigen, wisset ihr nicht, daß der Welt Freundschaft Gottes Feindschaft ist? Wer der Welt Freund sein will, der wird Gottes Feind sein.
5 Oder meint ihr, die Schrift sage umsonst: Der Geist, den Gott hat in uns wohnen lassen, begehrt und eifert?
6 Er gibt aber desto reichlicher Gnade. Darum heißt es: „Gott widersteht den Hoffärtigen, aber den Demütigen gibt er Gnade."

Jakobus stellt fest, was natürlich der Heilige Geist ihm eingegeben hat, daß Streit und Krieg unter den Empfängern des Briefes auf die Lüste zurückzuführen sind, die in ihren Gliedern, also in der Tiefe ihres Leibes, entstehen. Jakobus redet von ihren Lüsten. Weil sie solche Lüste und Begierden haben, erlangen sie nicht das, was sie brauchen. Zum Teil bitten sie nicht, weswegen sie nichts haben (Vers 2), und zum Teil bitten sie und empfangen nichts, weil sie es mit einer üblen Gesinnung erbitten, nämlich um es in ihren Lüsten zu verzehren und zu genießen (Vers 3).

Was steht hinter diesen Beobachtungen und Erscheinungen? Möglicherweise hatten die Christen, an die sich Jakobus wandte, ganz normale Wünsche und Gebetsanliegen. Aber es waren ihre Lüste, wie es ausdrücklich zweimal heißt. Es waren nicht Anliegen des Herrn, die übereinstimmten mit ihrer Lust. Möglicherweise könnte es sogar sein, daß sie Heilung brauchten, Befreiung dringend angezeigt war und alles in ihrem Herzen danach schrie, die Freiheit von bestimmten Belastungen und Bedrängungen zu bekommen. Aber Gott hatte ihre Gebete nicht erhört.

Wir nähern uns mit diesen Themen einer sehr wichtigen Frage im Reiche Gottes. Wenn ein einzelner Christ von einem starken Anliegen gedrängt wird, dessen Erfüllung Lust freisetzen würde, so kann Gott nach diesem Wort es dennoch verhindern, obwohl es vielleicht objektiv wertneutral oder gut ist, aber der Betreffende hat nicht Gott selbst zu seiner entscheidenden Lust und erstrangigen Priorität gemacht. Wir sollen zuerst nach dem Reiche Gottes trachten und nach seiner Gerechtigkeit, was nicht nur ein zeitlich vorrangiges Trachten nach dem Reich Gottes ist, sondern auch beinhalten soll, daß es uns am stärksten zu Gott, seinem Reich und seiner Gerechtigkeit hinzieht. Jede Lust, die vor Gott rangiert, also ihn in den Schatten stellt, muß eine fragwürdige Größe sein. Diese Lust tritt in Konkurrenz zu Gott, und nimmt insofern einen unangemessen Platz in unserem Denken und Fühlen ein.

Was ist eigentlich das Sündhafte an unseren Lüsten? Weswegen ist zum Beispiel eine sexuelle Lust, der man außerhalb der Ehe nachgibt, in den Augen Gottes eine Sünde? Darauf gibt es zwei Antworten:

1. Wer seiner eigenen Lust nachkommt ohne Verantwortung für den zu übernehmen, an den man sich gebunden hat, der ist ein Lusträuber, der auf Kosten anderer sich befriedigt. In letzter Konsequenz verläßt er den Menschen, an dem er seine Lust gesucht hat, verwundet. Das trifft auch dann zu, wenn dieser freiwillig auf eine solche Form von Lustbefriedigung eingewilligt hat.
2. Der Hauptgrund liegt darin, daß jede eigene Lust, die wir an Gott vorbei und ohne seine Weisung und Beauftra-

gung verfolgen, eine Form von Unabhängigkeit darstellt. Wir schlagen gleichsam Gott ein Schnippchen und wollen uns und ihm beweisen, daß wir auch ohne ihn imstande sind, uns etwas Vorteilhaftes und Schönes zu verschaffen. Wir haben Gott ausgesperrt. Das ist aber wieder die Ursünde und der letzte Hintergrund von jeder Form von Sünde. Wenn wir also unsere Lüste haben, die uns nicht von Gott ausdrücklich zugestanden oder freigegeben worden sind, betreten wir damit das Terrain des Unabhängigseins von Gott.

Dementsprechend können ganz banale und für andere Personen absolut unschädliche Lüste im Einzelfall Gott an der Erhörung unserer Gebete hindern, weil wir mit diesen Lüsten unseren eigenen Weg zum Wohlergehen und zur Selbstbefriedigung beschritten haben. Wir dürfen nicht erwarten, daß der Herr, der dadurch mit der einen Hand ausgesperrt wird, dann auf das Winken der anderen Hand für uns in Aktion tritt.

Daß diese Bewertung der Natur unserer eigenen Lüste so richtig gesehen ist, beweist uns dann der Fortgang des Textes in Vers 4 und 5. Wer in seinen eigenen Lüsten lebt, ist ein Abtrünniger und tritt mit seiner Freundschaft zur Welt in den Gegensatz und in die Feindschaft zu Gott. Ein solcher Gläubiger hat nicht verstanden, daß der Geist Gottes ein eifersüchtiger und begehrender Geist ist, der uns ganz allein haben will.

So haben wir viel Grund festzustellen, daß die Thematik der Lust am Herrn keine akademisch-theologische Frage darstellt. Sie ist von unerhörter praktischer Wichtigkeit. Wenn Gott nicht Vorrang hat im Gefüge unserer Lüste vor allen anderen Wünschen und Begierden, dann ist er ausgesperrt. Aber weil Gott auf die Regungen unseres Herzens genau achtet, muß er dieses Signal aufgreifen und wird sich in dem Sinne verhalten, wie unsere Lust es ihm gewiesen hat: Er wird abseits stehen. Die Folge ist dann ganz einfach die, daß Gebetserhörungen eine Ausnahme sein werden. Natürlich wird Gott in seinem Bemühen, unser Herz zu gewinnen, uns immer wieder Erweise seiner Freundlichkeit und seiner Liebe zukommen lassen wollen. Aber es widerfahren uns dann solche Wohltaten Gottes nur punktuell, während wir uns eigentlich ihrer ständig erfreuen sollten.

Der Zusammenhang zwischen unseren Lüsten und dem Glaubensdesaster

Die verheerenden Auswirkungen von vorhandenen eigenen Lüsten machen vor nichts halt, nicht einmal vor den erhabensten biblischen Wahrheiten. Das Wort sagt uns, daß wir durch Glauben Gott gefallen können. Wer Gott glaubt, der bekommt von ihm die Gnade, auf die sich der Glaube bezieht. Das trifft generell zu, es sei denn, daß es in unserem Leben eine Lust gibt, die Vorrang hat vor der Lust am Herrn. Eigene Lüste verhindern jegliches Handeln Gottes.

Diese Verbindung von eigener Lust und Störung des Glaubens ist dem Heiligen Geist so wichtig, daß er der Behandlung dieser Frage ein ganzes biblisches Buch gewidmet hat: den Brief des Judas. Anhand von mehreren Beispielen demonstriert dieses Buch, daß unser Glaube, dieses einfache Reagieren auf Gottes Verheißungen, dann nicht funktioniert, wenn unsere Lust dazwischentritt.

Am Anfang dieses kleinen Briefes werden die Berufenen dargestellt als solche, die in Gott geliebt und für Jesus Christus bewahrt sind. Gott möge ihnen viel Barmherzigkeit, Frieden und Liebe geben. Das Thema ist klar: Die Kinder Gottes sollen die ganze Liebe, den Schutz des Vaters und des Herrn Jesus erfahren, und eingebettet sein in seine

Barmherzigkeit, in seinen Frieden und in seine Liebe. Es soll ihnen durch diese Zuwendungen des Herrn so gut gehen, daß sie sich möglichst nicht an anderen Reizen und Lustangeboten vergreifen.

Dann wird dargestellt, daß wir für den Glauben kämpfen sollen, gemeint ist, für den reinen und richtigen Glauben. Hier geht es weniger um Glaubensinhalte, sondern überhaupt um die richtige Art zu glauben, weil die Voraussetzungen korrekt sind:

Judas 3-4
3 Ihr Lieben, da es mir sehr am Herzen lag, euch zu schreiben von unser aller Heil, hielt ich's für nötig, euch in meinem Briefe zu ermahnen, daß ihr für den Glauben kämpfet, der ein für allemal den Heiligen übergeben ist.
4 Denn es sind etliche Menschen neben eingeschlichen, für die schon längst geschrieben ist solches Urteil; Gottlose sind sie, mißbrauchen die Gnade unseres Gottes für ihre Lüste und verleugnen unseren alleinigen Herrscher und Herrn Jesus Christus.

Wer die Gnade Gottes benutzt, um damit seinen Lüsten zu frönen, mißbraucht diese Gnade und verleugnet Jesus als den einzigen Herrscher. Dieser Herr, so ist der Gedankengang zu verstehen, will für alles verantwortlich sein: für Vergebung, für Gaben, für Geschenke, für Heil, für Heilung, für Bewahrung und auch für Lust. Wer den Sektor Lust aus seiner Nachfolge ausklammert, tritt in die Unabhängigkeit hinein, stellt sich gegen den Alleinanspruch des Herrn und mißbraucht Gnade. Das Ergebnis wird sein, daß der Glaube nicht funktionieren kann und göttliche Resultate ausbleiben.

Judas 5
Ich will euch aber erinnern, die ihr dies alles ja schon wisset, daß der Herr, nachdem er dem Volk einmal aus Ägypten geholfen hatte, das andere Mal umbrachte, die da nicht glaubten.

Der Verweis auf das Beispiel Israel in der Wüste soll uns bedeuten, daß man nicht immer gegen Gottes Güte und Langmut rebellieren kann. Als Israel das erste Mal wegen Wassermangel murrte, half ihnen der Herr. Beim zweiten Mal (4. Mose 14,35), als sie sich gegen Gott und seine geistlichen Leiter stellten, nachdem die Kundschafter aus dem Lande Kanaan zurückgekommen waren, brachte Gott alle erwachsenen Männer um. Der Hintergrund war der, daß es sie mehr zu der makaberen Lust der Gefangenschaft in Ägypten zog, um da unterzugehen, als mit dem Herrn durch die Wüste ins gelobte Land zu ziehen. Das war ein eindeutiger Lustrückfall, den der Herr nicht durchgehen lassen konnte. In diesem Aufbegehren äußerte sich die Lust der Rebellion gegen Gott zusammen mit der Lust an der Gestaltung der Volksgemeinschaft nach eigenen Konzepten. Das konnte nicht gutgehen. Das Wort will uns natürlich damit sagen: Das geht nie gut. Deswegen werden wir durch diese Aussagen gewarnt.

Judas 6-7
6 Auch die Engel, die ihren himmlischen Stand nicht bewahrten, sondern ihre Behausung verließen, hat er behalten zum Gericht des großen Tages mit ewigen Banden in der Finsternis;
7 wie auch Sodom und Gomorra und die umliegenden Städte, die gleicherweise wie sie Unzucht getrieben haben und fremdem Fleisch nachgegangen sind, zum Beispiel gesetzt sind und leiden des ewigen Feuers Pein.

Diesmal wurde ein Beispiel aus der unsichtbaren Welt der Engel gewählt. In früheren Zeitabläufen waren die engelartigen Wesen offenbar nicht in ihrer Entscheidungsfähigkeit fixiert. Einige der Engel übergaben sich der Lust nach sexueller Gemeinschaft mit den Menschen und haben mit ihnen Unzucht getrieben, weswegen sie unter das Leid von ewigen Feuerqualen gekommen sind. Die Lehre lautet schlicht so: Es zahlt sich nie aus, gegen den Willen Gottes der eigenen Lust zu folgen. Sie kann nicht nur jenes Kontingent an Freude und Wonne nicht bringen, daß Gott uns verheißt, sie stürzt uns obendrein in tiefste Qual.

Judas 8
Ihresgleichen sind auch diese Träumer, die ihr Fleisch beflecken, die Herrschaft verachten und die Majestäten lästern.

Hier wird Bezug genommen auf Träumer, die sich ihre Lust dadurch verschaffen, daß sie am Willen Gottes vorbei sich unreinen Orgien von Phantasien ergeben, in denen sie unreine Tagträume und Gedanken sowie Überlegenheitsphantasien in ihren Größenvorstellungen durchspielen.

Das ist ein beliebtes Mittel vieler schwacher Menschen, sich das in der Phantasie zu holen, was ihnen die Wirklichkeit verwehrt. Dabei verkennen solche Menschen, leider auch Christen, daß das ihre raffinierte Methode ist, ohne Gott sich auf scheinbar kurzschlüssigem Weg ihre Lüste und Befriedigung zu verschaffen. Wer so vorgeht, unterhöhlt sein eigenes Lebensglück und macht es sich unmöglich, von Gott im Glauben irgendwelche Resultate zu bekommen. Wie könnte Gott einem solchen Christen etwas geben, der insgeheim ihn ablehnt, indem er seine eigenen Wege des Lustgewinnes verfolgt.

Judas 9
Michael aber, der Erzengel, als er mit dem Teufel stritt und mit ihm rechtete über den Leichnam des Mose, hat nicht gewagt, gegen ihn ein lästerndes Urteil zu fällen, sondern sprach: Der Herr strafe dich!

Damit wird anhand eines konkreten Beispiels die Warnung ausgesprochen, sich in seiner Gegnerschaft zur finsteren Welt im Denken und Reden rein zu halten und sich nicht in niedriger Lust zu irgendwelchen primitiven und unschicklichen Schmähungen hinreißen zu lassen. Man darf aber dieses Wort nicht so verstehen, wie es leider in bestimmten Kreisen geschieht, daß man aus ihm das Verbot konstruiert, sich gegen den Teufel und sein Reich zu stellen. Das ist hier nicht gemeint. Der Tadel betrifft allein einen überheblichen und lästernden Umgang mit den dämonischen Kräften. Wir sollen unsererseits, wenn wir unsere Autorität über den Feind und sein Reich ausüben, eine Haltung von Anstand und Würde beweisen.

Judas 10-15
10 Diese aber lästern alles, wovon sie nichts wissen; was sie aber von Natur kennen wie die unvernünftigen Tiere, daran verderben sie.
11 Weh ihnen! Denn sie gehen den Weg Kains und fallen in den Irrtum des Bileam um Gewinnes willen und kommen um in dem Aufruhr Korahs.
12 Diese Schandtäter prassen bei euren Liebesmahlen ohne Scheu, weiden sich selbst; sie sind Wolken ohne Wasser, von dem Winde umgetrieben, kahle, unfruchtbare Bäume, zweimal erstorben und ausgewurzelt,
13 wilde Wellen des Meeres, die ihre eigene Schande ausschäumen, unstete Sterne, welchen behalten ist das Dunkel der Finsternis in Ewigkeit.
14 Es hat aber auch von ihnen geweissagt Henoch, der siebente von Adam an, und gesprochen: Siehe, der Herr kommt mit viel tausend Heiligen,
15 Gericht zu halten über alle und zu strafen alle Gottlosen für alle Werke ihres gottlosen Wandels, womit sie gottlos gewesen sind, und für all das Freche, das die gottlosen Sünder wider ihn geredet haben.

Zu der Gruppe von Menschen und geistlich degenerierten Christen, die sich den Träumen und der Lästerung ergeben, gehören auch solche, die eine ungezähmte und unvernünftige Natur haben und sich ihren Trieben wie die Tiere ergeben. Solche Schandtäter offenbaren ohne Scheu bei Liebesmahlen ihre fleischlichen Gelüste, sind der Völlerei ergeben, und fallen deswegen von einem Irrtum in den andern. Sie haben den Anschein, als ob von ihnen etwas zu erwarten wäre, aber in Wirklichkeit sind sie Wolken ohne Wasser und unfruchtbare Bäume.

Judas 16
Diese murren und hadern mit ihrem Geschick, aber wandeln dabei nach ihren Lüsten; und ihr Mund redet stolze Worte, aber um des Nutzens willen achten sie auf das Ansehen der Person.

Menschen dieser Art, die nach ihren Lüsten wandeln, sind ständig unzufrieden. Sie müssen im Streit leben und ununterbrochen murren, sie sind stolz und menschenabhängig.

Judas 17-19
17 Ihr aber, meine Lieben, erinnert euch der Worte, die zuvor gesagt sind von den Aposteln unsers Herrn Jesus Christus,
18 da sie euch sagten, daß zu der letzten Zeit werden Spötter sein, die nach ihren eigenen gottlosen Lüsten wandeln.
19 Diese sind es, die da Spaltungen machen, irdisch Gesinnte, die den Geist nicht haben.

Nach Judas hat der Herr in Aussagen, die offenbar nicht in den Evangelien überliefert sind, schon daran erinnert, daß in der letzten Zeit solche Spötter auftreten werden, die nach ihren eigenen gottlosen Lüsten wandeln. Von ihnen heißt es, daß sie Spaltungen erzeugen, daß sie chronisch irdisch gesinnt sind und – was für eine interessante Formulierung – daß sie den Geist nicht haben. Auf diese Aussage wird später einzugehen sein.

Es ist mit Leichtigkeit erkennbar, daß das Thema des Judasbriefes die Verfehlung unseres Lebens und die Vereitelung von Gottes Taten in unserer Nachfolge ist, wenn wir uns an unseren eigenen Lüsten orientieren. Danach werden wir im Glauben Schiffbruch erleiden. Stattdessen sollen wir aber vorangehen und den eigenen Glauben rein erhalten.

In dem darauffolgenden Abschnitt wird uns gesagt, wie wir unseren Glauben gebrauchen können, um uns selbst aufzubauen und in die richtige Position zu bringen, so daß Gott uns, die wir in eine neue, lustvolle Beziehung zu ihm eingetreten sind, in seinen Dienst stellen kann:

Judas 20-25
20 Ihr aber, meine Lieben, erbauet euch auf euren allerheiligsten Glauben, betet im heiligen Geist
21 und erhaltet euch in der Liebe Gottes und wartet auf die Barmherzigkeit unsers Herrn Jesus Christus zum ewigen Leben.
22 Und erbarmet euch derer, die da zweifeln,
23 reißet sie aus dem Feuer und rettet sie. Der anderen erbarmt euch mit Furcht und hasset auch den Rock, der vom Fleische befleckt ist.
24 Dem aber, der euch kann behüten vor dem Straucheln und stellen vor das Angesicht seiner Herrlichkeit unsträflich mit Freuden,
25 dem einen Gott, unserm Heiland durch Jesus Christus, unsern Herrn, sei Ehre und Majestät und Gewalt und Macht vor aller Zeit, jetzt und in alle Ewigkeit! Amen.

In diesen kostbaren Worten, die jeder Bibelleser kennen sollte, wird uns der Weg gewiesen, wie die Lust am Herrn unsere Erfahrung wird. Wir sollen uns selbst auferbauen, indem wir den Glauben in richtiger Weise für die Stärkung der eigenen Person, das heißt, die Förderung unseres Ichs und des Aufbaus unseres Geistes, benutzen. Das ist ein Wort von zentraler Bedeutung. Zu schnell sind wir dabei, den Glauben immer nur als ein Mittel zu verstehen, um bestimmte Geschenke von Gott zu empfangen. Dazu ist er auch da. Aber eine noch vordringlichere Aufgabe ist ihm zugewiesen im Hinblick auf das Herstellen unserer Beziehung zu ihm und den Aufbau der eigenen Persönlichkeit. Auch das geht nicht ohne Glauben. Alles was wir empfangen wollen, und sei es die Stabilisierung der eigenen Person, geschieht nur durch Glauben.

Derselbe Zweck wird durch Beten im Heiligen Geist, also Beten in Sprachen, erreicht. Das Wort Gottes sagt in 1. Korinther 14,4: „Wer in Zungen redet, der erbaut sich selbst."

Nutzung des Glaubens, um dadurch der göttlichen Verheißung teilhaftig zu werden, ist der eine Weg der geistlichen Förderung und Heilung, Beten in Sprachen ein weiterer. Beides führt zum Wachstum unseres Geistes, wodurch der Weg zur Freude über Gott ermöglicht wird.

In Vers 21 des Judasbriefes werden wir dann aufgefordert, dafür zu sorgen, daß wir in der Liebe Gottes bleiben und dann auf das zusätzliche Eintreten der Barmherzigkeit Gottes warten. Die Liebe Gottes, die wir empfangen, muß nicht unbedingt mit starken wahrnehmbaren Gefühlen einhergehen. Sie wird sich ausdrücken durch Frieden, Entspannung und Zuwendung Gottes. Barmherzigkeit ist nicht identisch mit Liebe; sie ist eine eigenständige, zusätzliche Erfahrung. Sie wird in uns auf der Grundlage der empfangenen und weitergereichten Liebe in bestimmten Situationen freigesetzt, wenn wir andere in Not sehen. Wir entwickeln sie nicht, sondern sie ist dadurch gekennzeichnet, daß Impulse des Erbarmens und Mitleides uns erfassen, durch die wir anderen Menschen die empfangene Liebe weiterreichen. Das Thema, Liebe aufzunehmen und sich in der Liebe zu erhalten, das in diesem Vers anklingt, ist so bedeutend, daß ich ihm das ganze nächste Kapitel widmen werde.

Am Schluß werden wir noch einmal aufgefordert, auch die geringsten unreinen Lüste abzuweisen, die sich uns nur in Gestalt von Beimengungen in irgendwelchen Handlungen des Alltags anbieten. Das Ziel dieser heiligen Disziplin über unser Lustleben besteht eindeutig darin, daß wir den Weg finden zur Herrlichkeit Gottes und unsträflich mit Freude leben!

Wenn ich die Aussage dieses kurzen Briefes zusammenfasse: Er lehrt uns, in heiliger Entschlossenheit und

Scheu Abstand zu halten von jeder eigenen Lust. Wir werden davor gewarnt, den Zustand von unheiliger Lust beizubehalten und darauf dann unsere Glaubensbemühungen setzen zu wollen.

Der Weg zur Veränderung wird deutlich gewiesen. Wir sollen unseren Geist durch Glauben und Beten im Heiligen Geist aufbauen und stark werden lassen und uns dadurch in der Liebe Gottes erhalten.

Kapitel 6

Die Kunst, sich lieben zu lassen und sich zu freuen

Wer mein Buch „Das Kreuz der Gesegneten“ gelesen hat, wird wesentliche Anteile des Inhaltes dieses Kapitels bereits kennen. Die Wichtigkeit und die zwingende biblische Logik, die den Zusammenhang zwischen Liebe und Freude markieren, nötigen mich einfach dazu, das Verhältnis dieser beiden Begriffe und Erfahrungen darzustellen. Das ist gleichsam die Mitte der biblischen Lehre über die Lust am Herrn.

Johannes 15,9-11
9 Gleichwie mich mein Vater liebt, so liebe ich euch auch. Bleibet in meiner Liebe!
10 Wenn ihr meine Gebote haltet, so bleibet ihr in meiner Liebe, gleichwie ich meines Vaters Gebote halte und bleibe in seiner Liebe.
11 Solches rede ich zu euch, damit meine Freude in euch bleibe und eure Freude vollkommen werde.

Jesus fordert uns auf, daß wir in seiner Liebe bleiben sollen. Er weist darauf hin, daß er ständig in der Liebe des Vaters bleibt und daß er dadurch imstande ist, sie, seine Jünger, zu lieben. Also sollen auch sie in seiner Liebe bleiben.

In der Liebe des Herrn zu bleiben, heißt noch nicht zu lieben! Mit diesem Gebot fordert der Herr uns zunächst nur auf, seine Liebe anzunehmen und dafür zu sorgen, daß wir ständig unter dem Strahl und unter der warmen Dusche seiner Liebe bleiben. Indem er sagt „Bleibet in meiner Liebe", drückt er indirekt aus, daß man auch aus seiner Liebe hinausgehen kann. So töricht es erscheinen mag, es ist in der Tat sehr leicht möglich.

Auch wir Christen, die wir ja alle die Liebe Gottes kennengelernt haben, begehen immer wieder den Fehler, daß wir aus der Liebe Jesu hinaustreten. Es ist schön und außerordentlich lustvoll, sich von einer sehr attraktiven, schönen und gütigen Person lieben zu lassen. Aber das ist nicht der einzige Weg zur Lust, der uns Menschen offensteht. Eine andere Möglichkeit, sich ein gewisses Maß an Lust zu verschaffen, besteht darin, daß man sich aus der Abhängigkeit von anderen Menschen und auch von Gott hinausbegibt, sich auf seine eigenen Fähigkeiten und Kräfte besinnt und sich mit seiner Leistung, Überlegenheit, mit Autorität und mit Herrschen über Menschen Lust verschafft. Diese wird dann noch gesteigert, wenn die Menschen in unserer Umgebung oder gar die von uns beherrschten Mitmenschen uns mit Bewunderung, Anerkennung oder Unterordnung attestieren, daß wir die Überlegenen und die Größeren sind. Dieses Verfahren heißt: Lust durch Macht und Unabhängigkeit.

Diese zweite Lustform kann nur mit dem Riesenpreis erkauft werden, daß wir dadurch ein Opfer unserer eigenen Machtgelüste und Unabhängigkeit werden. Es wird Unruhe, Angst, Menschenabhängigkeit und Bitterkeit über uns kommen. Wir verlieren dabei unsere Originalität und jeden Zug von Sanftmut und Freundlichkeit. Ein Teil dieser negativen Erscheinungen kann durch kultiviertes Auftreten verschleiert werden. Aber immer sind diese Erfahrungen nachweisbar, weil das Grundkonzept nun einmal Unabhängigkeit von Gott vorsieht, was immer zu Verlust von Schutz, Geborgenheit und Freiheit führt.

Weil alle anderen Formen von Lebensgenuß so fragwürdig sind und den Weg zum Untergang darstellen, deswegen sagt Jesus so eindringlich: „Bleibet in meiner Liebe. Tretet nicht hinaus aus dem Umkreis meiner Nähe und der Beziehung zu mir." Die Liebe Gottes annehmen, das heißt, mit ihm in Beziehung treten.

Wir sind dazu da, um uns vom Herrn lieben zu lassen. Wir brauchen die in der Liebe Jesu enthaltene Bestätigung, Zuwendung und Anerkennung. Alles in uns schreit, von jemand geführt, geherzt und bewahrt zu werden – jemand, der total für uns ist und keine eigenen unguten Motive damit verfolgt. Diese Liebe gibt es nur beim Herrn. Wer sie entbehren muß oder meint auf sie verzichten zu können, wird nach einiger Zeit Fehlfunktionen seines Nervensystems feststellen. Ihm wird nach und nach das Verständnis für den Sinn seines Daseins entschwinden, es kommen Minderwertigkeitsgefühle, Verletzbarkeit und dann Bitterkeit hinzu. Ein solcher Mensch ist dann ein Kandidat der Selbsthilfe, mit der er den Fluch vervollständigt. Es gibt keine Alternative eines sinnvollen und glücklichen Lebens zu dem Angebot Gottes, ständig in seiner Liebe zu bleiben.

Weil wir Menschen, wir Gläubigen eingeschlossen, einen so unheimlichen Drang haben, immer wieder aus der Liebe des Herrn hinauszutreten, um uns durch eigene Leistungsbeiträge unsere eigene Lust zu verschaffen, weil wir das so raffiniert und schleichend bewerkstelligen, brauchen wir ein Kriterium, das uns sagt, ob wir in der Liebe unseres Herrn geblieben sind. Woran kann man erkennen, ob ein Wasserglas ununterbrochen unter den Strahl einer Wasserleitung gehalten wird? Doch eindeutig daran, daß es ununterbrochen überläuft. Das wird ausgedrückt mit dem nächsten Gedanken: „Wenn ihr meine Gebote haltet, so bleibet ihr in meiner Liebe, gleichwie ich meines Vaters Gebote halte und bleibe in seiner Liebe." Dieser Satz ist mißverständlich. Man kann ihn so herum lesen, wie er nicht gemeint ist: „Wenn ihr ununterbrochen meine Gebote haltet und tut was ich euch sage, dann bleibt ihr in meiner Liebe." Das wäre so zu verstehen, daß wir durch Halten der Gebote leistungsmäßig das Verweilen in der Liebe Gottes erreichen. Gemeint aber ist etwas gänzlich anderes: Die Gebote im Neuen Testament beziehen sich im wesentlichen auf zwei Themen, die in letzter Konsequenz sogar identisch sind. Das eine neutestamentliche Gebot besteht darin, daß wir lieben sollen:

Johannes 15,12.17
12 Das ist mein Gebot, daß ihr euch untereinander liebet, gleichwie ich euch liebe.
17 Das gebiete ich euch, daß ihr euch untereinander liebet.
Johannes 13,34
Ein neu Gebot gebe ich euch, daß ihr euch untereinander liebet, wie ich euch geliebt habe, damit auch ihr einander lieb habet.

Das andere neutestamentliche Gebot besteht darin, daß wir Jesus, an den Namen Jesu, sowie an das Wort glauben sollen. Im 1. Johannes 2,7 heißt es: „Das alte Gebot ist das Wort, das ihr gehört habt." Wer sich mit dem Wort Gottes beschäftigt und sich mit der Wahrheit Gottes sättigt, in dem wird Liebe einfach freigesetzt. Davon handelt der ganze 2. Johannesbrief und weite Teile des 3. Johannesbriefes.

Jesus will uns nun in dem 10. Vers von Johannes 15 auf diesen einfachen Sachverhalt hinweisen. Wenn wir uns von ihm lieben lassen, wirklich unter und in seiner Liebe bleiben, dann werden wir nicht anders können, als andere zu lieben. Unser aktives Lieben ist die Umsetzung der Liebe, die wir zuvor von Gott empfangen haben. Insofern ist unsere Liebeswilligkeit und -fähigkeit, der Drang anderen Gutes zu tun, sie zu bejahen, zu erfreuen und zu bestätigen, ein Beweis dafür, daß wir ständig unter der Liebe des Herrn geblieben sind. Wenn wir uns ununterbrochen von seiner Liebe anfüllen lassen, weil wir in seiner Liebe bleiben, werden wir einem überfließenden Gefäß gleichen. Die Liebe Gottes, die wir selbst nicht mehr für uns nutzen können, werden wir dann weiterreichen an unsere Umgebung.

Es ist lustvoll, sich lieben zu lassen

Im nächsten Wort verrät uns Jesus, daß er derartiges uns aufzeigt, damit seine Freude in uns bleibe und unsere Freude vollkommen werde. Der Zusammenhang ist nun unmittelbar verstehbar. Wer sich lieben läßt bis zu einem solchen Maß, daß er selbst anfangen muß zu lieben, wird einfach die Freude Gottes in sich freisetzen. Es macht Spaß und ist lustvoll, die Liebe anderer zu empfangen, und diese Freude wird gesteigert durch die eigene Liebe, die man in sich empfindet und mit der man andere erfreuen will. So gibt es einen unauflösbaren Zusammenhang zwischen angenommener Liebe, erwiderter Liebe und Freude. Von dieser Freude sagt nun der Herr, daß sie seine Freude ist und daß sie nicht nur in uns sein soll, sondern sogar bleiben soll. Das ist aber abhängig davon, daß wir auch bleibend unter seiner Liebe uns aufhalten. Wir haben erkannt, daß die Voraussetzung dafür die Überzeugung ist, daß die Lust, die uns die Erfahrung des Geliebtseins vermittelt, durch eigene Lustarrangements aufgrund von Leistung und Herrschaft bei weitem nicht erreicht werden kann.

Der Gedankengang geht nun noch weiter und greift die formale Gesetzmäßigkeit auf, die wir von unserem Bezugstext aus Psalm 37 schon kennen. Der durch die Lust am Herrn Gesegnete soll in jeder anderen Hinsicht weiteren

Segen empfangen. Der Herr drückt es wie folgt aus: Seine Freude soll in uns bleiben und unsere Freude soll vollkommen werden.

Jesus kennt die besonderen Bedingungen und Bedürfnisse unserer irdischen Existenz. Deswegen sagt er uns nicht, daß wir nur ihn brauchten und daß damit alle unsere Wünsche und Freuden erfüllt seien. Zusätzlich zu seiner Freude sollen wir auch unsere Freude haben, und sie soll sogar vollkommen werden. Ein Wort aus Johannes hilft uns zu verstehen, was unsere vollkommene Freude beinhaltet:

> **Johannes 16,24**
> **Bisher habt ihr nichts gebeten in meinem Namen. Bittet, so werdet ihr nehmen, daß eure Freude vollkommen sei.**

Unsere Freude wird dann vollkommen werden, wenn wir aufgrund der richtigen geistlichen Voraussetzungen erleben können, wie unsere Gebete an den Vater im Namen Jesu in jedem Fall erhört werden. Das macht unsere Freude vollkommen. Unsere Gebetserhörungen dürften dabei, wenn unsere innersten geistlichen und seelischen Bedürfnisse durch die überschwengliche Liebe schon gestillt sind, sich mehr auf äußere Aspekte unseres Lebens beziehen: familiäre Fragen, soziale Nöte, Berufs-, Finanz- und Partnerschaftsbelange. So tritt uns also die uns so vertraute geistliche Regel wieder vor Augen. Zuerst will Gott selbst die Mitte aller unserer Lust sein, indem er uns durch seine Liebe beglückt. Unter dieser Voraussetzung sollen wir dann in allen anderen Aspekten unseres Alltagslebens seine konkrete Hilfe erfahren.

Bei all dem sollten wir nicht den Kontext außer acht lassen. In den beiden Versen vor dem zitierten Abschnitt werden wir aufgefordert, daß wir in ihm bleiben und daß seine Worte in uns bleiben, damit wir dadurch Gebetserhörungen bekommen. Dadurch sollen wir den Vater verherrlichen und auf dieser Grundlage viel Frucht bringen. In beiden Geboten ist wiederum vom Bleiben die Rede. Ich wollte den Leser erst einmal auf diesen Zusammenhang hinweisen. Im letzten Teil dieses Buches, das aus meiner Sicht den Höhepunkt darstellt, werden wir die großartigsten Offenbarungen der Schrift aus dem Römerbrief betrachten. Diese Aufforderungen, in seinem Wort zu bleiben, werden dann noch einmal eine besondere Bedeutung bekommen. Wenn wir voll sind von seinen Worten und er selbst in uns ist, dann sind die Rahmenbedingungen geschaffen, daß Jesus uns mit seiner Liebe beeindrucken kann.

Kapitel 7

Unsere Lust, das große Problem und Gottes einzigartige Lösung

Wir können noch so sehr alle einzelnen Wege zur Freude im Herrn und Lust an Gott begrüßen, es bleibt ein großes Problem bestehen: unsere eigenen Lüste und Triebe. Sie sabotieren immer wieder alle unsere Höhenflüge zu Gott. Entweder hindern sie uns daran, daß wir überhaupt hochkommen oder aber sie sorgen mit Beharrlichkeit dafür, daß es nach einiger Zeit doch einen schmerzhaften Absturz gibt. Wir dürfen uns nichts vormachen, so lange dieses Problem nicht beherrscht ist, kann es keinen entspannenden Weg zur lustvollen Beziehung mit Gott geben. Dann werden wir hin und wieder inselförmig einige schöne glückselige Momente in der Gegenwart des Herrn haben. Aber nach einer Zeit drängen aus der Tiefe unserer Person unsere urwüchsigen Triebe und Gelüste auf und fordern ihren Tribut. Sie ziehen uns wieder auf den Boden des Irdischen, demütigen uns damit und sorgen immer wieder für tiefe Enttäuschung.

Es gibt eine Lösung für diese qualvollen Wiederholungserfahrungen, die uns auf die Dauer an der Realität der Erlösung zweifeln lassen. Gott hat für alles vorgesorgt, auch dafür, daß diese zwanghaften Regungen, die uns kontrollieren und beherrschen, in uns nicht den bleibenden Sieg haben.

Im folgenden will ich dem Leser aus dem Worte Gottes die Grundzüge unserer Erlösung vom alten Wesen, von alten Prägungen und vom gewachsenen Charakter vorstellen. Dabei wird es unumgänglich sein, daß wir wiederum auf die biblische Lehre vom Menschen zurückgreifen, damit wir in einzelnen Schritten von Erkenntnis und Wahrheit den Weg zur praktischen Erfahrung der Erlösung unseres Charakters und des Sieges über unsere alten Lüste finden. Das Ziel ist dabei, daß ein jeder Leser jede einzelne Station nicht nur versteht, sondern mit einer inneren Anschauung auch selbst diesen Weg sehen kann. Das Entscheidende bei diesem vorzustellenden Lösungsweg muß darin bestehen, daß dieser Weg leicht ist, für jeden verstehbar ist und uns nicht überfordert. Es muß die Qualität der Erlösung in diesem Geschehen durchgehend vertreten sein. Wir müssen von Anfang an fordern, daß jeder einzelne Schritt auf dem Weg zur Erlösung von den zwanghaften Lüsten und Drängen und die Umwandlung unseres Charakters erlösungsgemäß ist, also ein Geschenk darstellt, das nicht errungen wird, sondern nur im Glauben angenommen werden muß.

Beginnen wir mit der Kennzeichnung unserer Lüste und Triebe, die uns das Leben schwer machen. Zunächst müssen wir erkennen, woher sie gemäß der biblischen Lehre vom Menschen kommen, und wie sie sich in uns entfalten:

Jakobus 1,13-15
13 Niemand sage, wenn er versucht wird, daß er von Gott versucht werde. Denn Gott kann nicht versucht werden zum Bösen, und er selbst versucht niemand.
14 Sondern ein jeglicher wird versucht, wenn er von seiner eigenen Lust gereizt und gelockt wird.
15 Danach, wenn die Lust empfangen hat, gebiert sie die Sünde; die Sünde aber, wenn sie vollendet ist, gebiert sie den Tod.

In diesem sehr grundsätzlichen Text wird uns der Zusammenhang von Lust und Sünde geschildert. Zunächst einmal heißt es, daß wir nie von Gott versucht werden, weil Gott grundsätzlich aufgrund seines heiligen Charakters dazu nicht imstande ist. Das, was wir als Versuchung erleben, nimmt seinen Ausgang von eigener Lust. Diese eigene Lust will uns reizen und locken, damit wir sie bejahen und als Impuls damit legalisieren und in uns aufnehmen.

Die Versuchung, die aus unseren Lüsten auf uns einwirkt, ist noch keine Sünde. Wenn wir aber auf sie eingehen, wird die Lust, die wir bejaht haben, zur Sünde. Dieser Vorgang wird wie eine Art Empfängnis im Text beschrieben. Dementsprechend ist das, was dabei geboren wird, die Sünde.

Wenn wir nun die Sünde bejahen und zu ihr stehen, das heißt, nicht zur Gnade fliehen und die Sünde als Schuld bekennen, dann wird diese anhaltende Sünde in uns eine weitere Geburt bewirken, den Tod. Unter Tod verstehe ich in diesem Fall den seelischen Untergang und am Ende den physischen Tod.

Das bereits zitierte Wort aus Jakobus sagt uns nun, woher diese Lüste kommen:

Jakobus 4,1
Woher kommt Streit und Krieg unter euch? Kommt's nicht daher: aus euren Lüsten, die da streiten in euren Gliedern?

Dieses Wort verrät uns, daß nach biblischer Schau unsere Lüste, Triebe und Dränge ihren Ursprung in der Tiefe unseres Körpers haben. Dort begehren sie und von dort drängen sie nach oben, um sich bei unserer Seele anzumelden. Immer dann, wenn sie von der Seele akzeptiert werden, entsteht in unserer Person oder in einer derartigen Gesellschaft Zank, Streit und Unruhe. Die Anwesenheit solcher Lüste und ihre Ausbreitung in Persönlichkeit bewirken nun eine Störung in unserer Beziehung zu Gott und verhindern, wie wir bereits an den früher behandelten nachfolgenden Versen erkannt haben, Gebetserhörungen. Obendrein sind die Lüste, die in uns streiten und aus unseren Gliedern hochsteigen, der hauptsächliche Feind und Verhinderer von allen göttlichen Freuden. Ohne die Beseitigung dieser Kräfte ist es illusorisch, von der Lust am Herrn zu reden oder zu träumen.

Wir sind erlöster, als wir denken

Die Antwort auf diese eben aufgeworfene Frage, wie wir unsere Triebe und Dränge unter Kontrolle bringen können, wird uns in den mittleren Kapiteln des Römerbriefes gegeben. Wie ich es bereits in meinem Vorwort ausgedrückt habe, ist die in diesen Kapiteln abgehandelte Lehre über die Erlösung unseres Charakters und der Weg zur Heiligung zur kostbarsten Entdeckung geworden, die ich in den letzten Jahren im Worte Gottes gemacht habe. Was ich nachfolgend entfalten möchte, mutet fast wie ein Erlösungskrimi an. Der Vergleich stimmt auch insofern, als die Antwort auf diese doch sehr praktischen Fragen nach meinem Erkenntnisstand in der Christenheit so gut wie nicht vorhanden ist.

Es ist schon sonderbar, daß die grundlegenden Aussagen der Schrift über den Einfluß des Evangeliums auf unser alltägliches Verhalten in der Christenheit dermaßen undeutlich geworden sind, daß sie als göttliche Hilfe weitgehend faktisch nicht mehr zur Verfügung stehen. Das, was das Wort Gottes für uns in den Kapiteln 6 bis 8 des Römerbriefes bereithält, sind die absoluten Grundlagen unseres Glaubens, ohne die eine sieghafte Nachfolge gänzlich ausgeschlossen ist. So nimmt es nicht wunder, daß wir so viele Probleme in der Bewältigung unseres Lebens und unseres Auftrages als Christen haben, wenn der Zugang zu dem Zentrum unseres Glaubens praktisch versperrt ist. Wenn man diese zentralen Aussagen des Wortes Gottes ausläßt, dann werden zwangsläufig die großartigsten biblischen Hilfen ungenutzt bleiben. Es kann nicht gutgehen, wenn wir meinen, darauf verzichten zu können.

Es sieht so aus, als ob der Feind besondere Mühe darauf verwandt hat, den Inhalt dieser Römerbriefkapitel so zu verschleiern, daß die Christenheit die Lust daran verliert, hier Licht hineinzubekommen. Ich spüre regelrecht, wie ein Kommando in der Finsterniswelt ausgegeben worden ist: „Sorgt dafür, ihr Geister der Lüge und der Verdrehung, daß niemand die Lösung versteht, die Gott für seine Kinder bereitgelegt hat. Gebt das Kommando aus: Die Mitte des Römerbriefes ist schlechthin unverstehbar. Das sind schwierige und tiefgründige Passagen, die wohl ihren Sinn haben werden, aber die man wohl doch nicht für die Gestaltung der Nachfolge und das Leben der Heiligung braucht. Es handelt sich um philosophische Hintergrundüberlegungen ohne praktischen Bezug." Tatsächlich, diese Strategie der Verdunkelung und Mystifizierung hat über Jahrhunderte gefruchtet. Einige wenige, zugegeben sehr kostbare Kenntnisse haben sich dennoch durchgesetzt, zum Beispiel die Aussage, daß wir durch Glauben ohne Gesetzeswerke gerecht werden. Aber die Umsetzung dieser grundsätzlichen Wahrheit und die Verlängerung der Lösung in die Befreiung unseres Charakters blieb aus.

So hat sich eine Stimmung unter den Christen breitgemacht, die man wie folgt beschreiben könnte: „Die Kapitel 6, 7 und 8 im Römerbrief sind ein Mysterium. Es gibt so viele Unterschiede an theologischen Auffassungen über diese Texte, daß niemand daherkommen darf und sagen, daß er eine gültige Interpretation gefunden hat." Es gehört einfach zum guten Ton in Theologenkreisen, sich immer wieder gegenseitig zu bestätigen, daß es hierüber keine allgemein gültige und von allen anerkannte Auffassung gäbe. Das Resultat ist, daß die Inhalte des Römerbriefes faktisch relativiert werden und seither nicht mehr zur Bewältigung der praktischen Herausforderungen unserer Nachfolge zur Verfügung stehen.

Ich glaube aber, daß diese Ära jetzt zu Ende geht. Ich sehe, wie der Heilige Geist an den Geheimnissen rüttelt und uns Einblick gibt in die wunderbaren Zusammenhänge zwischen Jesu Tod, unserem mit ihm Gekreuzigtsein und dem Weg zur Erlösung unseres Charakters. Der Weg zur Lust am Herrn ist frei, wir können ihn jetzt Schritt für Schritt beschreiten. Dazu lade ich den Leser ein.

Römer 6,4-14

4 So sind wir ja mit ihm begraben durch die Taufe in den Tod, damit, gleichwie Christus ist auferweckt von den Toten durch die Herrlichkeit des Vaters, also sollen auch wir in einem neuen Leben wandeln.

5 Denn wenn wir in ihn eingepflanzt sind zu gleichem Tode, so werden wir ihm auch in der Auferstehung gleich sein,

6 weil wir ja wissen, daß unser alter Mensch samt ihm gekreuzigt ist, damit der Leib der Sünde aufhöre, daß wir hinfort der Sünde nicht dienen.

7 Denn wer gestorben ist, der ist gerechtfertigt und frei von der Sünde.

8 Sind wir aber mit Christus gestorben, so glauben wir, daß wir auch mit ihm leben werden,

9 und wissen, daß Christus, von den Toten erweckt, hinfort nicht stirbt; der Tod kann hinfort über ihn nicht herrschen.

10 Denn was er gestorben ist, das ist er der Sünde gestorben ein für allemal; was er aber lebt, das lebt er Gott.

11 Also auch ihr, haltet euch dafür, daß ihr der Sünde gestorben seid und lebet Gott in Christus Jesus.

12 So lasset nun die Sünde nicht herrschen in eurem sterblichen Leibe, Gehorsam zu leisten seinen Gelüsten.

13 Auch ergebet nicht der Sünde eure Glieder zu Waffen der Ungerechtigkeit, sondern ergebet euch selbst Gott, als die da aus den Toten lebendig sind, und eure Glieder Gott zu Waffen der Gerechtigkeit.

14 Denn die Sünde wird nicht herrschen können über euch, die ihr ja nicht unter dem Gesetze seid, sondern unter der Gnade.

In diesem Abschnitt werden Erlösungserfahrungen beschrieben, die sich mit der Hinkehr zu Jesus und der Wiedergeburt in uns ereignen, von denen wir aber subjektiv zunächst kaum etwas spüren. Doch sind es reale Erfahrungen, die, unabhängig davon, ob wir etwas von ihnen wahrnehmen oder nicht, wichtige, ja ganz herausragende Fakten der Errettung darstellen.

Paulus erklärt, daß wir mit Jesus gestorben, begraben und zu einem neuen Leben auferstanden sind. Auf dem Weg der Identifikation, der durch die glaubende Bejahung des Opfertodes Jesu zustande kommt, erleben wir, daß unser alter Mensch mit Jesus in den Tod gegangen ist, das heißt, aufgehört hat zu existieren. Aber diese Identifikation geht noch weiter. Wie Jesus durch die Herrlichkeit des Vaters auferweckt worden ist, so sollen wir in einem neuen Leben (wörtlich: in der Neuheit des Lebens) wandeln.

An dieser Stelle ist sogar etwas wie eine Potenzierung unserer Erfahrung gegenüber der des Herrn ausgedrückt. Die Herrlichkeit des Vaters hat in einem punktuellen Geschehen Jesus aus den Toten in das Leben zurückgeholt. Wir sollen in diesem neuen Leben dauernd wandeln.

Die Auferweckung des Herrn war ein Ereignis, bei uns soll sich die Auferstehungskraft im Sinne eines Dauerzustandes äußern, indem wir ständig in der neuen Art von Leben wandeln. Diese neue Qualität von Leben muß noch untersucht werden. Worin besteht die Neuartigkeit dieses Lebens, die der griechische Text so stark herausstellt? Wir werden später sehen, daß es einen Strom von gerichteter göttlicher Energie darstellt, der aus dem Thron Gottes in unseren Geist fließt, um uns zu befähigen, ohne Anstrengung zu leben. Das gesamte Geschehen ist durch die Herrlichkeit Gottes ausgelöst worden, und zwar bei Jesus wie auch bei uns. Das ist ein anderes Wort für die Auferstehungskraft, die die Kraft des Heiligen Geistes ist.

Mit dieser Darstellung wird kaum ein Christ, der die Schrift anerkennt, irgendwelche Probleme haben. Wir müssen nun untersuchen, wer eigentlich genau gestorben ist. Der Text sagt uns, daß der alte Mensch gestorben ist (Vers 6), und daß damit der Leib der Sünde aufhört. Der Begriff „alter Mensch" ist identisch mit der Größe „das Fleisch" und wohl auch weitgehend mit dem Begriff des natürlichen Menschen, der im Neuen Testament eigentlich der seelische Mensch ist (1. Korinther 2,14, 1. Korinther 15,44, Judas 19). Wir brauchen zunächst, indem wir wieder zurückgreifen auf die biblische Lehre vom Menschen, ein exaktes Verständnis von dem, was der alte Mensch oder unser Fleisch eigentlich darstellt.

Überhaupt ist es wichtig, daß wir diese Begriffe und Wahrheiten, die wir in diesen bedeutsamen Kapiteln vom Heiligen Geist vorgelegt bekommen, mit präzisen inneren Anschauungen verbinden. Andernfalls werden wir nicht folgen können, oder zumindest später nicht im Sinne eines Gehorsams des Glaubens den ganzen Nutzen aus dieser Lehre ziehen. Lehre ist ja vorgelegte Wahrheit, die uns anleiten soll zu einem bestimmten Wege des Reagierens und Handelns, damit wir dann den Inhalt der Wahrheit als praktischen Segen erfahren. Das ist auch der Hintergrund, weswegen in Römer 6,17 eine eigenartige Formulierung steht, die genau auf die Notwendigkeit der Anschauung anspielt: „Gott sei aber gedankt, daß ihr Knechte der Sünde gewesen seid, aber nun gehorsam geworden von Herzen dem Bild der Lehre, welchem ihr ergeben seid."

Das ist eine ungewöhnliche Empfehlung, die wir in der Schrift in dieser Form an keiner anderen Stelle noch einmal antreffen. Wir sollen nicht einem Herrn oder Worten gehorsam sein, sondern hier einem Bild, und zwar einem Bild über eine Lehre, die Paulus in diesen Kapiteln ausbreitet.

Ferner heißt es dann in diesem Satz, daß wir dem Bild der Lehre, also nicht der Lehre direkt, ergeben sein sollen. Ich verstehe dieses Gebot so, daß es gar nicht möglich ist, abstrakten Gedanken gegenüber gehorsam zu sein. Die Gedanken müssen mit Leben und Vorstellung gefüllt werden. Der Heilige Geist gibt sie uns, wenn wir uns darum bemühen. Die Zusammenhänge, die das Wort uns in diesen Kapiteln nahebringen will, sind in der Tat nicht ganz einfach. Aber mit Willigkeit, dem göttlichen Vermögen zur anschaulichen Darstellung der Wahrheiten in unserem Herzen und mit der Hilfe des Heiligen Geistes wird es dann doch möglich sein, die eigentlich nur wenigen, aber sehr grundlegenden Wahrheiten auf der Leinwand des eigenen Herzens abzubilden, um dann mit Genauigkeit diesem Bild folgen zu können.

Das war ein Exkurs. Wir waren stehengeblieben bei der Überlegung, was der alte Mensch in biblischer Schau ist. Gemäß der biblischen Anthropologie ist der alte Mensch ein reduzierter Mensch. Er ist der in Sünden gestorbene Mensch. Sein Geist konnte die Sünde nicht ertragen und starb gemäß dem Wort Gottes in 1. Mose 2,17 an dem Tage, an dem sich der Mensch erstmalig der Sünde ergab. Tod des Geistes meint Trennung unserer Person von Gott. Die Funktion unseres Geistes ist, Gemeinschaft mit Gott zu ermöglichen, das Reden Gottes wahrzunehmen und nach göttlichen Werten im Sinne eines absoluten internen Maßstabes zu leben.

Das, was sich bei Adam und Eva modellhaft zugetragen hat, wiederholte sich bei jedem Menschen, der über die Erde ging. Paulus sagte im nächsten Kapitel:

Römer 7,9-10
9 Ich aber lebte vormals ohne Gesetz; als aber das Gebot kam, ward die Sünde lebendig,
10 ich aber starb ...

Die Bezahlung oder die Folge der Sünde ist der Tod, der geistliche Tod. Zurück bleibt dann ein reduziertes Wesen, bestehend aus Seele und Leib, das sich neu strukturiert. Die Mitte der Person, der Geist, hat seine Funktion aufgegeben. Die Seele übernimmt das Kommando. Sie bezieht ihre Energien und Antriebe aus der Tiefe des Körpers. Wir hatten ja festgestellt, daß aus dem Körper die Wünsche, Dränge und Lüste kommen.

Die Seele übernimmt nun die Aufgabe, die verbliebene Person zu leiten und zu lenken. Sie hat die Cheffunktion inne. In dieser Funktion verbindet sie sich mit dem Leib. Beide zusammen ergeben den biblischen Begriff „Fleisch". Die Seele hat, wiewohl sie sich zur Leitungsinstanz unserer Person aufspielt, die Neigung, sich anzulehnen.

Diese zusammengesetzte Größe „Fleisch", die also aus Seele und Leib besteht, ist grundsätzlich nicht zum Gehorsam fähig. Das ist eine entscheidende Aussage, die wir dem Neuen Testament entnehmen können:

> **Römer 8,7**
> **Denn fleischlich gesinnt sein ist Feindschaft wider Gott, weil das Fleisch dem Gesetz Gottes nicht untertan ist; denn es vermag's auch nicht.**

Hier haben wir es in Eindeutigkeit: Unser Fleisch, und damit auch alle seelischen Anteile in unserer Person, sind grundsätzlich nicht zum Gehorsam fähig. Das ist eine Art menschliche Naturkonstante. Wenn wir diese Tatsache übersehen und dann gar von der Seele erwarten, daß sie uns beim Kampf gegen Sünde und ungute Strebungen in uns helfen kann, dann haben wir uns total geirrt. Dann machen wir den Bock zum Gärtner.

Die bisher gewonnene Einsicht über die Abläufe in uns sind zwar interessant, aber werden uns nicht vom Hocker reißen und in Begeisterung versetzen. Nun sagt uns aber dieses Wort ferner, daß mit diesem Gestorbensein mit Christus sehr wichtige Dinge implizit in uns geschehen sind:

1. Wir sind der Sünde gestorben und mit ihr allen verderblichen Lüsten und Trieben, die aus uns herauskommen.
2. Wir sind dem Gesetz und der Gesetzlichkeit gestorben.
3. Wir sind sogar der Welt gestorben, und diese ist uns gestorben.

Wir sind der Sünde und den Lüsten gestorben. Der Beleg für diese Aussagen ist im zitierten Text enthalten. Römer 6,6 sagt, daß unser alter Mensch mit Christus gestorben ist, damit der Leib der Sünde aufhöre. Das meint, daß aus der Tiefe des Leibes die Sünde sich nicht mehr durchsetzen kann, um uns zu verführen. Dementsprechend auch der Nachsatz in diesem Vers: Wir müssen hinfort nicht mehr der Sünde dienen. Der Zwang hat aufgehört, zu tun, was sie uns befiehlt.

Aus Vers 12 können wir zur Kenntnis nehmen, daß die Sünde nicht mehr in unserem sterblichen Leib herrschen kann und daß wir nicht mehr genötigt sind, den Lüsten unseres Leibes einfach folgen zu müssen und ihnen Gehorsam zu erweisen.

In Vers 14 wird dann herausgestellt, daß die Sünde nicht mehr herrschen kann, weil wir aufgrund dieser Tatsache des mit Christus Gestorbenseins nicht mehr unter dem Gesetz sind, sondern unter der Gnade.

Das sind alles theologische Aussagen und insofern Beschreibungen von inneren Realitäten. Das Wort erklärt, daß wir damit grundsätzlich unempfänglich, gleichsam immun geworden sind für die Verführung von Lüsten und Trieben, die uns zur Sünde veranlassen wollen und sollen. Das hat ein Ende. Ich kann mir vorstellen, daß der Leser das bejaht, aber keine Entsprechung in seinem Innenleben dafür finden kann. Diese Spannung geht zunächst einmal weiter. Das Wort Gottes nennt uns eine ganze Anzahl von Fakten, für die wir in unserem Innenleben keine Entsprechung finden.

Wir sind dem Gesetz gestorben. Das zuletzt gegebene Zitat aus Römer 6,14 beinhaltet bereits die Aussage, daß wir nicht mehr unter dem Gesetz sind. Noch deutlicher kommt das zutage in Römer 7,4: „Also seid auch ihr, meine Brüder, getötet dem Gesetz durch den Leib Christi, damit ihr einem anderen angehört, nämlich dem, der von den Toten auferweckt ist, auf daß wir Gott Frucht bringen."

Solange wir im stetigen Kampf gegen die Sünde und ungute Strebungen in uns ständig damit beschäftigt sind, uns Freiraum zu schaffen, gehören wir, zumindest im Umkreis dieser unbiblischen Praxis, nicht Christus an. Das ist alles Ausdruck von Autonomie. Dahinter steht der gedankliche Ansatz, daß ich das selbst schaffen kann und daß ich es sogar machen muß, weil kein anderer mir diesen Kampf abnimmt.

Dies alles nennt das Wort Gottes Leben unter dem Gesetz. Nicht nur die Juden des Alten Testamentes können insofern dem Gesetz ergeben sein, sondern jeder unter uns ist es, der mit Leistung, Anstrengung, Verzicht und Askese und überhaupt mit jeder Form von moralischem Konzept Gottes Normen erfüllen will. Das ist ein gesetzlicher Lebensstil, der Sünde ist. Er ist ein Ausdruck dafür, daß man selbst fähig sei, für das Gute zu kämpfen und das Böse in eigener Kraft abzuwehren.

Nun sagt uns das Wort, was wirklich aufregend ist, daß wir mit der Grunderfahrung des mit Christus Gestorbenseins auch diesen letztlich humanistischen Strebungen der Selbsterlösung und Unabhängigkeit gestorben sind. Das sagt das Wort, aber unser Herz und die Erfahrungen wollen uns etwas ganz anderes sagen. Nehmen wir aber erst einmal entgegen, was das ewige Wort Gottes über die Geschehnisse in uns ausspricht.

Wir sind der Welt gestorben und gekreuzigt:

Galater 5,24
Welche aber Christus Jesus angehören, die haben ihr Fleisch gekreuzigt samt den Lüsten und Begierden.

Galater 6,14
Von mir aber sei es fern, mich zu rühmen, als allein des Kreuzes unseres Herrn Jesus Christus, durch welchen mir die Welt gekreuzigt ist und ich der Welt.

Wir müssen zur Kenntnis nehmen, daß alle Aussagen über das Gestorben- und Gekreuzigtsein den angebotenen Reizen der Welt in die Vergangenheitsform gesetzt sind. Das ist schon geschehen, oder es erweist sich unter bestimmten Umständen als dann geschehen. Es gibt im Neuen Testament keine Anordnung in dem Sinne, daß wir uns selbst kreuzigen sollen oder daß wir unser Fleisch töten sollen (Gegenwartsform).

Unabhängig davon, wie uns bei solchen Formulierungen zumute ist, das Wort stellt fest, daß wir durch die Grunderfahrung des Todes Jesu, die wir im Glauben als für uns gültig übernommen haben, immun geworden sind für die Welt, und daß die Welt ihrerseits uns gekreuzigt ist, das heißt, wir sprechen nicht mehr auf die spezifischen Verlockungen und Reize der Welt an, und die Welt kann mit uns nichts mehr anfangen. Soweit der biblische Befund, der theologisch eindeutig ist.

Das alles klingt gut und stellt sich als ein abgeschlossenes geistliches System dar. Wie stimmen aber unsere Erfahrungen damit überein, die wir tagtäglich machen, die uns beweisen, daß die alten Kräfte aus unserem Körper noch sehr wohl vorhanden sind und laufend Einfluß auf uns nehmen. Wenn wir unter dem hohen Anspruch antreten, daß nach der Aussage der Schrift die Sünde und die Lüste keine Macht mehr über uns haben und die Welt uns nicht mehr ansprechen kann und wir das zunächst einmal glauben, um dann doch immer wieder zu scheitern, dann kann uns das auf Dauer entnerven und demoralisieren. Diese Erfahrungen könnten das Material hergeben, das dafür sorgt, daß die meisten Christen mit einer Spur von Resignation herumgehen, sich immer strapaziert und gefordert fühlen und die Unvereinbarkeit von biblischem Gebot und eigener Lebenserfahrung hinter einer Haltung von Unechtheit, Unnatürlichkeit und kitschig-sentimentaler Weltflucht verbergen. Das, was uns Christen in den Augen unserer Mitmenschen so unattraktiv sein läßt, hängt mit dieser tiefen Enttäuschung zusammen, indem wir immer wieder empfinden, daß die herrlichen Verheißungen und Feststellungen Gottes sich bei uns als nicht realisierbar erweisen.

Wir können es uns vor unserem Gewissen nicht erlauben, das offen auszusprechen. So verdrängen wir diesen Dauerkonflikt und die damit verbundene Enttäuschung heimlich aus unserem Bewußtsein, um dann Ersatztheologien zu fertigen, die entweder den Status quo glorifizieren oder alle Erfüllungen des Wortes Gottes in die Zukunft, das Tausendjährige Reich oder noch spätere Zeiten projizieren.

Das Wort schweigt gegenüber diesem Sachverhalt, daß wir diese Wahrheit nicht erfahren, nicht! Wir hatten ja bereits zur Kenntnis genommen (Römer 8,4), daß das Fleisch, also der von der Seele angeführte alte Mensch, grundsätzlich nicht gehorsam sein kann. Die Seele ist eine kapriziöse, launische und der Sünde ergebene Instanz in unserem Wesen. Sie nimmt den Sachverhalt, daß sie durch die neue Geburt einfach abgesetzt ist, nicht hin. Das hängt mit ihrer negativen und unabhängigen Grundverfassung zusammen, die eine Naturkonstante darstellt. Die Seele lügt und betrügt, wo sie nur kann. Sie tut so, als ob sich nichts geändert habe, sie lacht über den neuen Vorgesetzten in der innermenschlichen Persönlichkeitsstruktur, den Geist. Das tut sie um so mehr, als dieser Geist uns ja auf dem Geburtswege zuteil wird. Das schließt ein, daß er am Anfang, wie es sich für neugeborene Wesen schickt, in einer kindlichen und babyhaften Reife und Stärke vorliegt. Die Seele versucht sich nun, auf der Ebene der Lüge gegenüber dieser zunächst kindlich-schwachen ihr vorgesetzten Instanz des Geistes zu wehren. Sie leugnet, daß sie ihre Vormachtstellung verloren hat. Sie verweist auf die immer wieder aktuell gegebenen Belege ihrer Macht. Sie wirft nicht das Handtuch und geht ununterbrochen mit Tricks, List und Tücke gegen die Vormachtstellung des Geistes an. Und meistens gewinnt sie!

Das Fleisch in uns legt uns die Liste unseres stetigen Versagens vor. Es macht uns deutlich, daß wir immer wieder über uralte Charakterdeformierungen und aus der Tiefe unserer Person kommende Wünsche stolpern. Es sagt uns, daß unsere Pläne nicht zu hochfahrend sein sollen. Es holt uns auf den Teppich, ernüchtert uns, demütigt uns und feixt dabei mit Genugtuung, daß so viel Nachweis vorliegt, daß sich eigentlich nichts geändert hat.

Natürlich kann unser Fleisch nicht leugnen, daß durch die Bekehrung zu Jesus und unsere Wiedergeburt gravierende Veränderungen in unserem Denken, in unserem Lebensgrundkonzept und in manchen Auswirkungen dieser dramatischen Lebensumstellung zu verzeichnen sind. Das Fleisch wird nicht direkt in Frage stellen, daß es Vergebung unserer Sünde, ewiges Leben, so etwas wie die Gerechtigkeit durch Gott gibt, die wir durch Gnade im Glauben empfangen. Diese Tatsachen sind zu offensichtlich, und sie werfen auch viele, subjektiv erlebbare Segnungen im Denken und in der Praxis des Alltages ab. Aber wenn es darauf ankommt, unseren Charakter anzutasten und den Beweis zu führen, daß wir wirklich geheiligte Menschen geworden sind, die die alten Schwächen und Zwänge überwunden haben, dann stellt sich unsere Seele dagegen und macht dem Geist seinen Rang total streitig.

Raffiniert und gemein, wie unser Fleisch ist, kann es die Lüge bis in die raffiniertesten Feinheiten treiben, indem es bei passender Gelegenheit auch dem Geist anbietet, ihm bei der Bewältigung der offensichtlich vorhandenen moralischen Schwächen zu helfen. Die Seele sagt dann dem Geist: „Laß uns unsere Fähigkeiten zusammentun und bündeln. Gemeinsam werden wir es schaffen. Wir müssen uns nur anstrengen. Du, Geist, versichere dich der Hilfe des Herrn und bete kräftiger. Mit gemeinsamen Bemühungen, mit totaler Hingabe und, wenn es sein muß, mit Opfer und Verzicht, werden wir diese alte Schwäche in unserem Wesen schon niederringen."

Der Leser wird es längst verstanden haben, was sich dabei zuträgt. Das ist die Beschreibung der Art von geistlichem Leben, das die meisten engagierten Christen pflegen. Wir kämpfen gegen die Sünde und bestimmte Lüste unter dem Einsatz unseres Willens, aller unserer Kräfte, auch der seelischen Energie, und erringen damit nichts. Das ist Gesetzlichkeit in Reinkultur, die uns nie weiterbringen wird. Ganz grundsätzlich leben wir damit im Fleisch und sind der Seele auf den Leim gegangen. Sollte es doch einmal einen Sieg geben, den die Seele zwischendurch zulassen wird, um uns bei Stimmung zu halten, womit sie uns auffordert, unsere Bemühungen fortzusetzen, dann wird dieser sich als ein Pyrrhussieg erweisen. Er zieht uns immer tiefer in die Qual der Selbsterlösung hinein, die charakterliches Unerlöstsein bedeutet.

Unsere Seele hat ein besonderes Verlangen, ihre Kraft und moralische Leistungsfähigkeit dadurch nachzuweisen, daß sie die Gebote Gottes zu erfüllen sucht. Weil aber unser alter Mensch grundsätzlich nicht gehorsam sein kann, wird sie dann, wenn sie scheinbar sich an den Geboten Gottes versucht, um so den Willen Gottes durch Gehorsamsleistungen zu erfüllen, bei diesem Unterfangen sich mitten in der Sünde, das heißt erneut in der Unabhängigkeit von Gott, befinden. Insofern reagiert unser altes Wesen fleischlich, denn ein Teil der Fleischlichkeit erweist sich gerade in der gesetzlichen Haltung. Aus ihr spricht immer die Grundüberzeugung, daß jenseits von Gott doch noch etwas Gutes sei, zumindest sie selbst mit ihren eigenen edlen Strebungen. Die Seele ist somit in einem Irrtum verfangen und verführt in diesem Sinne ununterbrochen die Person des Gläubigen, sich doch ihr auf dem Wege zu christlich-sittlichen Zielen anzuvertrauen. Das ist die Lüge in ihrer gemeinsten und raffiniertesten Form. Aber auch bezüglich dieser Art der Verführung sagt das Wort, daß wir der Gesetzlichkeit gestorben sind. Ob wir es glauben oder nicht, ob wir es sehen oder nicht, tief in unserem Inneren ist irgendwo die neue Wirklichkeit angelegt, daß wir nicht mehr empfänglich und versuchlich sind für diese Art von Verführung. Es fällt in der Tat schwer, das zu glauben, weil alles in der Wirklichkeit dem zu widersprechen scheint. Wo mögen nur diese neuen Kräfte in uns sein, und wo setzen sie an?

Hören wir zunächst noch auf die Darstellung des Zusammenhanges von Gebot und Gesetz einerseits und Intensivierung der Sünde andererseits:

> **Römer 7,7-8**
> **7 Was sollen wir denn nun sagen? Ist das Gesetz Sünde? Das sei ferne! Aber die Sünde erkannte ich nicht außer durchs Gesetz. Denn ich wußte nichts von der Lust, hätte das Gesetz nicht gesagt: „Laß dich nicht gelüsten!“**
> **8 Es nahm aber die Sünde Anlaß am Gebot und erregte in mir jegliche Lust; denn ohne das Gesetz ist die Sünde tot.**

Die Sünde nimmt Anlaß am Gebot und erregt in uns jegliche Lust. Dadurch wird die Sünde eigentlich erst aktiviert.

Das ist exakt der Zusammenhang, den wir eben schon gesehen haben. Obwohl wir dem Gesetz und der Gesetzlichkeit gestorben sind, kann dieser Sachverhalt erhalten bleiben, daß durch göttliche Normen und Gebote erst die Lust in uns erregt wird, sich an dem Gesetz zu beweisen um damit die Sünde zu aktivieren. Der Weg, den unsere Seele einschlägt, um gehorsam zu werden, ist von vornherein verkehrt. Es ist der Weg unserer Leistung und insofern ein eigener Weg, der grundsätzlich nicht richtig sein kann. Jenseits von Gott gibt es nichts Gutes.

Wie war es denn bei Paulus?

Paulus konnte von Gott gebraucht werden, weil er ein grundaufrichtiger Mann war. Er hatte diese Konflikte, die wir mehr oder weniger unbewußt und uneingestanden erleben, voll in sich wahrgenommen. Wie kein anderer hat er in Klarheit den Kampf zwischen den neuen göttlichen Strebungen aus seinem Geist und den Kräften aus seiner Seele in sich toben sehen.

Wir müssen das Bild, das wir über Paulus entwickelt haben, revidieren. Er wird von uns gerne dargestellt als der Mann, der nach seiner dramatischen Bekehrung gewaltig anfing, gleich jeden geistlichen Akzent richtig traf, mit großer Tapferkeit und Kühnheit sich für das Evangelium einsetzte und von der ersten Minute an sich Gott in Liebe und Ergebenheit hundertprozentig zur Verfügung stellte. In diesem Bild ist kein Raum für unreife seelische Kräfte und für noch ungeheiligte Motive und Regungen. Unser Meister Paulus ist von Anfang an perfekt.

Aber so schildert ihn das Wort Gottes nicht. Es stimmt, wir finden in der Beschreibung des Lebensbildes des Paulus tatsächlich die Züge eines heiligen Eiferers. Ohne Frage war er ganz an Gott hingegeben. Er war ein heiliger Feuertopf, der mit großer Gewalt, Wortgewandtheit und unwiderstehlichen Argumentationsreihen alle seine Gesprächspartner und Widersacher entwaffnete und überführte. Wo er auftrat, blieb kein Auge trocken. Er mähte sie alle mit seiner urwüchsigen Kraft und geistlichen Leidenschaft nieder. Aber er hatte sich so auch viele Feinde verschafft, die ihn immer wieder verfolgten und töten wollten. Ist er in diesem Verhalten unser Vorbild? Was sagt das Wort Gottes über ihn?

Apostelgeschichte 9,29-31
29 Er redete auch und stritt mit den griechischen Juden; aber sie stellten ihm nach, daß sie ihn töteten.
30 Da das die Brüder erfuhren, geleiteten sie ihn nach Cäsarea und schickten ihn weiter nach Tarsus.
31 So hatte nun die Gemeinde Frieden durch ganz Judäa und Galiläa und Samarien und baute sich und wandelte in der Furcht des Herrn und mehrte sich durch den Beistand des heiligen Geistes.

Paulus war von Damaskus, wo er aufgrund seiner Wirksamkeit bei Nacht und Nebel die Stadt verlassen mußte, nach Jerusalem gekommen. Hier trieb er in der bereits beschriebenen Manier die griechischen Juden in die Enge, so daß sie ihn töten wollten. Wir müssen den dann folgenden Satz mit großem Bedacht lesen und seine Grundsätzlichkeit ergründen: „Da das die Brüder erfuhren, geleiteten sie ihn nach Cäsarea und schickten ihn weiter nach Tarsus." Diese Brüder waren weiter entwickelt als Paulus. Sie wußten etwas von einem geheiligten göttlichen Charakter und waren sich dessen sicher, daß der Aufbau der Gemeinde Jesu nicht durch stetige Konfrontation, heiligen Eifer und seelisches Draufgängertum erfolgte. So holten sie ihn aus der Szene heraus und schickten ihn über Cäsarea in die Provinzstadt Tarsus, eine Art kleinasiatisches Sibirien.

Dann heißt es im Text lakonisch weiter: „So (auf diese Art und Weise) hatte nun die Gemeinde Frieden durch ganz Judäa und Galiläa und Samarien und baute sich und wandelte in der Furcht des Herrn und mehrte sich durch den Beistand des heiligen Geistes.“ Das ist die Beschreibung von Gemeindeaufbau im Sinne des Herrn durch den Heiligen Geist, weil die Gemeinde in ihrer Breite durch die Furcht des Herrn die Voraussetzung dafür bot, daß der Heilige Geist sie fördern und aufbauen konnte und übernatürliche Manifestationen dazukommen konnten. Davon war nämlich bei Paulus zunächst nichts zu sehen.

Es ist offensichtlich, daß der jungbekehrte, eifernde Paulus in seiner charakterlichen Entwicklung nicht auf der Höhe dessen war, was Gott bei ihm sehen wollte. Dazu brauchte er allerdings auch Zeit. Die geistlichen Gesetzmäßigkeiten, die dieser Entwicklung zu Grunde liegen, sind ihm ja später von Gott selbst offenbart worden. Deswegen konnte er selbst dem Zustand der Unreife entkommen und uns den Weg zur Freiheit weisen. Laßt uns nun einmal hören, was Paulus über sich sagt, nachdem er im Verlauf der nächsten Monate und Jahre im Umgang mit Gottes Wort und in der Beobachtung seines Innenlebens den Konflikt in aller Schärfe in sich festgestellt hat:

Römer 7,14-23
14 Denn wir wissen, daß das Gesetz geistlich ist; ich aber bin fleischlich, unter die Sünde verkauft.
15 Denn ich weiß nicht, was ich tue. Denn ich tue nicht, was ich will; sondern was ich hasse, das tue ich.
16 Wenn ich aber das tue, was ich nicht will, so gebe ich zu, daß das Gesetz gut sei.
17 So tue nun nicht ich es, sondern die Sünde, die in mir wohnt.
18 Denn ich weiß, daß in mir, das ist in meinem Fleische, wohnt nichts Gutes. Wollen habe ich wohl, aber vollbringen das Gute finde ich nicht.
19 Denn das Gute, das ich will, das tue ich nicht; sondern das Böse, das ich nicht will, das tue ich.

20 Wenn ich aber tue, was ich nicht will, so tue nicht ich es, sondern die Sünde, die in mir wohnt.
21 So finde ich nun ein Gesetz, daß mir, der ich will das Gute tun, das Böse anhanget.
22 Denn ich habe Lust an Gottes Gesetz nach dem inwendigen Menschen;
23 ich sehe aber ein ander Gesetz in meinen Gliedern, das da widerstreitet dem Gesetz in meinem Gemüte und nimmt mich gefangen in der Sünde Gesetz, welches ist in meinen Gliedern.

Das ist also die berühmte anstößige Passage aus jenen rätselhaften und schwierigen Römerbriefstellen, über die in Theologenkreisen so gestritten und argumentiert wird. Auf welche Zeit im Leben des Paulus beziehen sich diese Aussagen, die er über sich trifft?

Man kann in der Sichtung der theologischen Literatur und auch von mündlichen Stellungnahmen vieler geistgetaufter Theologen, aber auch Theologen anderer Couleur alle möglichen Anschauungen darüber hören. Es scheint so, als ob diese Frage grundsätzlich nicht entscheidbar sei. Aber ich möchte dem Leser eine Deutung anbieten, die sich nach allem, was wir bis jetzt schon über die Entwicklung unseres Charakters gehört haben, sehr gut in diese Darstellung einfügt. Obendrein gibt es in dem zitierten Wort eindeutige Hinweise, die uns sagen, auf welchen geistlichen Entwicklungsabschnitt sich diese Schilderung bezieht.

Paulus redet über einen Zeitpunkt seiner eigenen geistlichen Geschichte, als er zweifelsfrei bereits Jesus begegnet war, damit die Erfahrung der Wiedergeburt und die Taufe in den Heiligen Geist gemacht hatte. Im vorletzten Vers (Vers 22) der zitierten Textpassage bekennt er, daß er nach dem inwendigen Menschen Lust an Gottes Gesetz hat. Mit dem Verweis auf den inwendigen Menschen, der gottorientiert ist, können wir zweifelsfrei den Stand seiner bis dahin erreichten geistlichen Entwicklung lokalisieren. Denn dieser Begriff taucht in Epheser 3 auf, wo er sagt, daß Gott uns Kraft geben soll nach dem Reichtum seiner Herrlichkeit, stark zu werden durch seinen Geist an dem inwendigen Menschen. Es kann kein Zweifel daran bestehen, daß diese Aussage den erneuerten Kern unserer Person, unseren neuen Geist meint, der durch Gottes Kraft – den in uns wohnenden Christus (Epheser 3,17) und den Heiligen Geist – fortwährend weitere Stärkung erfahren soll.

Dennoch muß Paulus zugeben, daß er trotz dieser Grunderfahrung sich immer noch als fleischlich erlebt. Er sieht sich unter die Sünde verkauft. Er will das Gute tun, aber das Gute, das er will, tut er nicht. Vielmehr tut er das Böse, das er nicht will. Dann folgert er weiter, daß die Sünde, die in ihm wohnt – nicht er selbst – das Böse tut. Er sieht genau, daß er das Gute will, aber nicht imstande ist, es zu vollziehen. Zweimal redet er in diesem Abschnitt von der Sünde, die fast wie eine personale Macht erscheint, die in ihm wohnt, und die sich gegen seinen Willen durchsetzt.

Ich gebe zu, daß man leicht bei solchen Klängen zu dem Ergebnis kommen kann, daß Paulus hier seine vorchristliche Existenz beschreibt. Aber dennoch ist das nicht möglich, weil er ja doch das Gute tun will, und weil der erneuerte inwendige Mensch schon in ihm wirksam ist.

Er leidet darunter, daß in seinen Gliedern, also in seinem Leib, allem zum Trotz eine Gesetzmäßigkeit herrscht, die ihn in Sünde gefangensetzt. Bitte bedenken wir dabei, was Paulus über den Menschen sagt, in dem Christus ist:

Römer 8,10
Wenn aber Christus in euch ist, so ist der Leib zwar tot um der Sünde willen, der Geist aber ist Leben um der Gerechtigkeit willen.

Es ist nach diesem Wort nicht von der Hand zu weisen, daß Christus real in uns sein kann, was fraglos die ung impliziert und im Fall von Paulus auch bedeutet, daß er die Erfahrung des Erfülltseins mit dem Heiligen Geist gemacht hat, und dennoch ist der Leib um der Sünde willen tot. Das meint, dieser Leib hat keine lebendige Beziehung zu Gott und steht nicht unter seiner direkten Verfügbarkeit. Auch Vers 13 von Römer 8 legt uns eindeutig nahe, daß man starke geistliche Erfahrungen gemacht haben kann und daß dennoch die Werke des Fleisches, wie es dort wörtlich heißt, weiter existieren. Allerdings sollen wir sie nicht aufgreifen, sondern töten:

Römer 8,13
Denn wenn ihr nach dem Fleisch lebet, so werdet ihr sterben müssen; wenn ihr aber durch den Geist des Fleisches Geschäfte tötet, so werdet ihr leben.

Ein Erlösungs-Krimi

Wie sind diese Verhältnisse, die sich zu widersprechen scheinen, zu erklären? Wenn Paulus sagt, daß der alte Mensch gestorben ist, dann meint das nicht, daß unsere Seele und unser Fleisch gestorben sind. Es beschreibt viel mehr die anthropologisch über alle Maßen bedeutsame Tatsache, daß mit der Wiedergeburt eine dramatische Umschichtung in der Innenstruktur unserer Person zustande kommt. Es entsteht durch einen Geburtsakt der neue Mensch, der nun der Gesamtpersönlichkeit vorgesetzt wird und der eindeutig die Führungsaufgabe hat. Gott kommuniziert nämlich mit uns Menschen überwiegend durch unseren Geist. Das schließt ein, daß gleichzeitig mit dieser schöpferischen Erfahrung die bisherige Führerschaft der Seele beendet wird. Sie wird abgesetzt und muß zurücktreten in das zweite Glied, was sie nicht hinnehmen will. Die Seele ist, wie wir gesehen haben, in ihrer

Unabhängigkeit vollkommen der Lüge ergeben. So weigert sie sich, diesen Sachverhalt anzunehmen und tut so, als ob sich nichts geändert habe. Sie begehrt gegen diese neue innermenschliche Ordnung auf, sie erkennt den Geist als weisungsgebend nicht an, sie kanalisiert in Breite die wüsten Lüste und verderblichen Triebe, die aus dem Körper kommen, und will mit all dem den Nachweis geben, daß sich in Wirklichkeit keinerlei Wandlung vollzogen hat. Wenn es dann passend ist, dann vollzieht sie, wie wir bereits gesehen haben, eine scheinbare Wendung, um sich als christlicher Mithelfer anzubieten, was dann nur eine Variante desselben Spieles ist. Wir sollen dann auf die Sünde der Gesetzlichkeit hereinfallen. Unser alter Mensch, der gestorben ist, ist also nur hinsichtlich der alten Struktur gestorben, die Seele ist erhalten geblieben. Sie soll später wichtige Aufgaben übernehmen, wenn die Persönlichkeit im Sinne Gottes ihre richtige Formung erfahren hat. Aber solange sie es kann, gefällt sie sich in ihrer Unabhängigkeit und müpft an jeder Stelle auf.

Mit dem Hinweis auf die ständig vorhandenen Lüste und dunklen Antriebe, die das Vorhandensein der alten Probleme unter Beweis stellen sollen, gibt sie zu verstehen, daß wir doch nicht neu geworden sind. Sie sagt uns: „Schau doch hin, sieh, wie du erst heute wütend geworden bist. Siehst du nicht, daß sich immer noch der alte Jähzorn, den du über Jahre in dir hast, in dir erheben kann? Oder achte doch nur auf deine unreinen Gedanken, die periodisch, wie es scheint, sich immer wieder anmelden? Wo ist hier die Unempfänglichkeit gegenüber der Sünde?“ Dieser Zustand kann noch nicht eingetroffen sein, sagt sie dem Geist, und damit unserem neuen Ich. In ihrer scheinbaren Großherzigkeit räumt sie dann ein, daß eines Tages ein solcher Zustand der Heiligung und des Freiseins von seelischen und lustvollen

Strebungen aus dem Körper vorhanden sein wird. Aber jetzt sei es noch nicht soweit. Nun gäbe es noch viel zu tun, und es sei nicht einsichtig, daß das der Geist allein schaffen könne.

Der Verweis auf die Fakten unseres noch nicht geheiligten Charakters, die sich in Gestalt von alten Lüsten, verkehrten Gewohnheiten, häßlichen Eigenschaften und uralten Charaktersünden immer wieder offenbaren, ist in der Tat ein Argument, gegen das man nichts einwenden kann. An dieser Stelle geben wir dann meistens nach und gestehen ein, daß hier tatsächlich noch ein Handlungs- und Heilungsbedarf vorliegt. Die Dinge sind ja so augenscheinlich. So sagen wir zu uns selbst: „Ich darf meine Augen nicht davor verschließen. Manche der alten Probleme sind noch da. Die Erlösung ist noch nicht so weit vorangeschritten.“ Das will unsere Seele nur hören.

Auf der Höhe dieses Konfliktes, der auch im Galaterbrief beschrieben wird, gibt es keinen Fortschritt.

> **Galater 5,16-17**
> **16 Ich sage aber: Wandelt im Geist, so werdet ihr die Lüste des Fleisches nicht vollbringen.**
> **17 Denn das Fleisch streitet wider den Geist und der Geist wider das Fleisch; dieselben sind widereinander, daß ihr nicht tut, was ihr wollt.**

Aus der Aufforderung an uns, im Geist zu wandeln, das heißt, gemäß den Anregungen unseres Geistes zu wandeln, weil wir dann die Lüste des Fleisches nicht vollbringen werden, geht hervor, daß diese Lüste und verderblichen Triebe zunächst noch aus unserem Fleisch fortlaufend weiter aufsteigen. Im nachfolgenden Vers wird dann unmißverständlich deutlich, daß es eine Pattsituation zwischen den Strebungen unseres Geistes und den Impulsen unseres Fleisches geben kann, die sich gegenseitig bekämpfen und lähmen, so daß am Ende dann doch nicht das von uns getan wird, was wir eigentlich wollten. Das heißt dann, daß das Fleisch in der Gestalt der Lähmung doch gesiegt hat. Wir dürfen bei all dem nicht die Rahmensitutation aus dem Auge verlieren. Paulus redet von sich und von den Galatern, was also bedeutet, daß dieser Zustand bei wiedergeborenen und geisterfüllten Christen möglich ist. Nur so können wir das verzweifelte Seufzen von Paulus verstehen, das in Römer 7 im Anschluß an die Darstellung des Widerstreites in seinem Wesen folgt. Er erkennt, daß in seinen Gliedern ein grausames Gesetz wirkt, das gegen die Kräfte antritt, die aus seinem erneuerten inwendigen Menschen ihren Ausgang nehmen. Er redet von dem Gesetz des Todes und der Sünde und fragt dann:

> **Römer 7,24-25**
> **24 Ich elender Mensch! Wer wird mich erlösen von dem Leibe dieses Todes?**
> **25 Ich danke Gott durch Jesus Christus, unsern Herrn! So diene ich nun mit dem Gemüte dem Gesetz Gottes, aber mit dem Fleische dem Gesetz der Sünde.**

Paulus stöhnt nicht darüber, daß er keine Befreiung von der Sünde hätte. Er weiß, daß die Sünde besiegt ist und Vergebung zur Verfügung steht. Aber er fragt sich, wie er von dem Leib dieses Todes erlöst wird, aus dem ununterbrochen neue tödliche und sündhafte Lüste und Regungen aufsteigen. Das ist das Problem, an dem er bis dahin gescheitert war und das uns allen zu schaffen macht. Wenn wir nicht eine gültige und praktisch erlebbare Befreiung von den Altlasten unseres Charakters erfahren und wenn es keine Möglichkeit gibt, daß der stetige Nachschub an verderblichen und zerstörerischen Lüsten aus unserem Körper eine Beendigung erfährt, dann ist es mit der Freiheit in Christus nicht weit her und dann haben wir keine Chance, die Lust am Herrn als eine dauernde und erfahrbare Freude zu erleben.

Aber Paulus weiß, daß Gott durch Jesus eine wirklich umfassende, keine Lücke übriglassende Erlösung für uns bewirkt hat und dankt Gott deswegen durch Jesus Christus dafür. Bevor er nun die Befreiung schildert, die er aus dem Zwang erfahren hat, immer wieder ein Opfer der Lüste und Sünden werden zu müssen, stellt er in einer Zwischenbilanz fest, wie weit er bis zu diesem Zeitpunkt gekommen ist: Ich diene mit dem Gemüt (dem Verstand oder dem Denken) dem Gesetze Gottes, aber mit dem Fleisch diene ich dem Gesetz der Sünde. Die Gespaltenheit ist noch da. In seinen bewußten Absichten und Strebungen will er dem Willen Gottes gemäß leben, aber am Ende setzt sich das Fleisch durch. Das Gesetz der Sünde erweist sich als überlegen.

Natürlich empfängt Paulus und jeder andere Christ, der sich in diesem Stadium seiner geistlichen Entwicklung befindet, für jede Sünde die Vergebung Gottes sofort, wenn er darum bittet. Das ist hier aber nicht das Thema. Die Frage lautet, wie wir durch die Kraft der Erlösung in den Stand gesetzt werden, gar nicht erst uns der Sünde und dem Zwang der Lüste beugen zu müssen.

Kapitel 8

Die Lösung: Nach dem Geiste wandeln

Der klassische erste Vers von Römer 8 lautet: „So gibt es nun keine Verdammnis für die, die in Christus Jesus sind." Man könnte diesen Satz, wenn man die Feinheiten genau erfassen will, auch übersetzen: „So gibt es nun keine Form oder keine einzige Art von Verurteilung oder Verdammnis für die, die in Christus Jesus sind." Der Herr hat nicht nur einen Weg gefunden, die geschehene Sünde durch seine Vergebung zu tilgen, sondern auch die Sünde, die noch im Fleische ist, die also gleichsam sich erst entwickelt und aus unserem Fleisch heraus offenbar werden will, zu verdammen:

> **Römer 8,3**
> **Denn was dem Gesetz unmöglich war, weil es durch das Fleisch geschwächt war, das tat Gott: er sandte seinen Sohn in der Gestalt des sündigen Fleisches und um der Sünde willen und verdammte die Sünde im Fleisch.**

Die große Frage lautet nun, wie das unsere Erfahrung werden kann. Dazu will ich Vers 2 und Vers 4 von Römer 8 im Zusammenhang nachfolgend zitieren. Vers 3 stellt nur einen Einschub dar, der uns erklärt, wie Jesus diese Erlösungsleistung vollbracht hat.

Römer 8,2.4 (Elberfelder Übersetzung)
2 Denn das Gesetz des Geistes des Lebens in Christus Jesus hat dich frei gemacht von dem Gesetz der Sünde und des Todes.
4 ... damit die Rechtsforderung des Gesetzes erfüllt wird in uns, die wir nicht nach dem Fleisch, sondern nach dem Geist wandeln.

In dem Augenblick, wo wir zu Jesus gekommen sind, eine neue Geburt erfahren haben und im Rahmen dieser Grunderfahrung einen neuen Geist bekommen haben, sind wir unter die Gesetzmäßigkeit dieses Geistes gekommen, der von Paulus als ein Geist des Lebens dargestellt wird. Aber das ist noch nicht die Befreiung, sondern nur die Voraussetzung dafür. Das Gesetz des Geistes des Lebens wird erst wirksam und befreit uns dann von dem Gesetz der Sünde und des Todes, wenn wir nach den Anregungen, Empfehlungen und Weisungen unseres Geistes leben. Auch hier ist die Rede von u n s e r e m Geist, nicht vom Geiste Gottes!

Ich gebe zu, daß auch diese Formulierung noch reichlich abstrakt und theologisch klingt. Sie mutet nicht so an, als ob sie die große Offenbarung enthält. Aber dieses Wort ist tatsächlich der Schlüssel zum Sieg über verkehrte Lust und Sünde. Wenn wir gemäß der Weisung unseres Geistes wandeln, dann sind wir nicht nur gerecht, dann wird die Gerechtigkeit Gottes in uns erfüllt (wörtlich heißt es, daß dadurch die Rechtssatzung in uns erfüllt wird, was aber auf dasselbe hinausläuft).

Wenn wir ergründet haben, was es heißt, nach oder gemäß dem Geist zu leben und zu wandeln, dann haben wir den Schlüssel gefunden, um aus allen jenen Zwängen, Lüsten und übermächtigen Wünschen heraustreten zu können, die uns im Untergrund unseres privaten Lebens ständig bedrängen, demütigen und in die Sünde hineintreiben.

- Wir müssen nicht mehr ständig im Kampf gegen unreine Gedanken und Zwänge leben. Es gibt eine Möglichkeit, Befreiung davon zu erfahren, ohne im ständigen schmerzhaften Verzicht und bewußter Auseinandersetzung dagegen stehen zu müssen.
- Das Wort Gottes weist uns einen Weg heraus aus dem Zwang, rauchen zu müssen.
- Wir müssen nicht vor dem Fernseher angekettet sein, um Programm auf Programm uns einzuverleiben, was der Sünde nur noch mehr Auftrieb gibt. Wir können abschalten.
- Die Zivilisationssünde unserer Zeit, essen zu müssen und nicht aufhören zu können, findet so ein Ende. Die Lust, im Essen Lust zu suchen, kann so beendet werden.
- Wir müssen nicht unsere krankhaften Absicherungen gegen alle möglichen Ängste und Bedrohungen in Gestalt von Krankheit, zukünftigen Aufgaben und Entwicklungen vollziehen.
- Drogen, Perversionen jeder Form, selbstzerstörerische Zwänge und überhaupt alles, was chronisch, immer wiederkehrend und zwanghaft über uns Macht hatte, ist durch Jesus bereits besiegt worden.
- Wir müssen nicht schmollen. Selbstmitleid, Trauer, Jähzorn und Aggressivität sollen ein selbstverständliches Ende finden.

Zur Definition dieses Sieges über unsere privaten Untugenden, Lüste und Zwänge gehört es auch, daß diese Art von Erlösung ohne große Willensanstrengung abläuft. Die in unserem Kampf gegen Lust und Sünde zwanghaften Bemühungen, die uns als angeblich biblische Norm durch die Verkündigung ans Herz gelegt worden sind, sind eine Karikatur der Hilfe, die uns der Herr erschlossen hat. Befreiung von unserem alten Wesen und Heiligung unserer

Person ist eine Kette von Geschenken und hat nichts mit verzweifeltem Bemühen und heroischen Abwehrkämpfen gegen sündhafte Neigungen in uns zu tun.

Wer führt dich eigentlich?

In Römer 8,3 wird uns gesagt, daß das Gesetz uns grundsätzlich nicht gerecht machen konnte, weil es durch unser Fleisch daran gehindert wurde. Unser Fleisch hat die Tendenz, sich am Gesetz beweisen zu wollen. Es tut gleichsam so, als ob es die moralische Kraft und das sittliche Vermögen in sich hätte, durch Anstrengung, Selbstdisziplin und Askese die Gebote Gottes erreichen zu können. Dabei haben wir gelernt, daß das Fleisch grundsätzlich dem Gesetz Gottes nicht untertan sein kann:

> **Römer 8,7**
> **Denn fleischlich gesinnt sein ist Feindschaft wider Gott, weil das Fleisch dem Gesetz Gottes nicht untertan ist; denn es vermag's auch nicht.**

Aber Gott hat dieses Problem, fleischlich denken zu müssen, gelöst, indem er durch das Blut seines Sohnes nicht nur Tat- und Haltungssünden, die bereits geschehen sind, getilgt hat, sondern auch die Sünde im Fleisch, woraus fortwährend neue böse Lüste und Begierden entstehen, verdammte. Von dieser umfassenden Dimension der Erlösung wissen viele Christen so gut wie nichts, weil sie nicht verkündigt wird. Die sich zwangsläufig daraus ergebende Unkenntnis muß zu den bekannten Unfreiheiten im Charakter der Gläubigen führen. Der Zwang, sündigen zu müssen, ist durch die Tatsache, daß Jesus unter den Bedingungen unseres menschlichen Fleisches auf diese Erde trat und für uns gelitten hat, beseitigt.

Aber immer noch nicht haben wir die Frage beantwortet, die die entscheidende überhaupt in diesem Buch ist, wie das nun praktisch vonstatten geht. Die biblische Antwort lautet: Die Gerechtigkeit Gottes ist nicht nur gegeben, sondern wird erfüllt, wenn wir uns gemäß den Anregungen unseres Geistes verhalten und im Alltag wandeln und nicht auf die Zuflüsterungen und das Diktat unseres Fleisches reagieren. Im Geiste wandeln (gemeint ist unser Geist) geschieht dann, wenn wir uns von unserem Geist führen lassen:

Galater 5,16.18
16 Ich sage aber: Wandelt im Geist, so werdet ihr die Lüste des Fleisches nicht vollbringen.
18 Regiert euch aber der Geist, so seid ihr nicht unter dem Gesetz.

Was hier Luther mit der Formulierung ausdrückt: „Regiert euch aber der Geist", das heißt im griechischen Grundtext „laßt ihr euch vom Geist führen, so seid ihr nicht unter dem Gesetz." Wenn wir uns von unserem Geist führen lassen, dann wandeln wir mit ihm. Folgen wir den Anweisungen unseres Geistes, dann sind wir nicht mehr unter dem Gesetz, wir sind unter der Gnade. Das schließt auch ein, daß wir dann die Lüste des Fleisches nicht mehr aufgreifen, nicht mehr interessant finden, von ihnen nicht mehr fasziniert werden und sie deswegen auch aus Mangel an Hinwendung und Interesse nicht mehr ausführen.

Denselben Gedanken drückt das bereits zitierte Wort aus Römer 8,13 aus: „Denn wenn ihr nach dem Fleische lebt, so werdet ihr sterben müssen; wenn ihr aber durch den Geist des Fleisches Geschäfte (Werke) tötet, so werdet ihr leben."

Es besteht also die Möglichkeit, sich dafür zu entscheiden, sich nach den Anregungen und Impulsen des

Fleisches auszurichten. Dann werden wir charakterlich nicht von der Stelle kommen. Diese Impulse werden uns überrollen und zwanghaft dirigieren, so daß wir eine Abwärtsentwicklung erleben, die schließlich zum Tode führt. Wir können uns aber auch nach den Weisungen und Ratschlägen unseres Geistes orientieren. Das hat zur Folge, daß wir die Impulse und Dränge des Fleisches wohl noch wahrnehmen, aber nicht mehr von ihnen überfahren und beherrscht werden. Wir erleben sie noch schemenhaft und undeutlich, wie sie im Untergrund unseres Bewußtseins vorhanden sind, aber sie haben keinerlei Zwang mehr über uns. Wenn wir nun in Übereinstimmung mit den Zuflüsterungen und Direktiven unseres Geistes uns verhalten, werden wir die zunächst noch aus dem Fleisch weiter aufsteigenden Angebote an zerstörerischen Gedanken und Werken nicht aufgreifen, sondern beiseite legen und zerstören.

Wer und was ist eigentlich unser Geist?

Dem Leser wird es aufgefallen sein, daß bisher ununterbrochen von unserem Geist, im Unterschied zum Geiste Gottes, die Rede war. Es ist sehr wichtig, daß wir in der Behandlung dieser wichtigen Passagen aus dem Römerbrief keine Verwirrung der Begriffe zulassen. Wir haben mit dem etwas hinderlichen Sachverhalt zu kämpfen, daß im Neuen Testament der Begriff „Geist" für zwei unterschiedliche Objekte Verwendung findet: einmal für den Heiligen Geist und dann für die Mitte unserer Person, unseren menschlichen Geist. Vom Textzusammenhang her und den zugefügten Attributen wie Heiliger Geist, Geist Gottes, Geist des Glaubens usw. ist es fast in jedem Fall möglich zu unterscheiden, wer gemeint ist. Wenn man aber nicht exakt auf den Zusammenhang achtet und vielleicht von vornherein ein unscharfes Verständnis von der Instanz unseres Geistes hat, dann können allerdings Verwechslungen vorkommen, die regelmäßig fatale Auswirkungen auf das Verständnis des Textes haben. Im Klartext heißt das, daß dann das Wort Gottes verbogen wird und anschließend neue theologische Konzepte entstehen, die natürlich irrig sind.

Wir wollen einzelne Beschreibungen des Wesens und der Funktion unseres Geistes kurz zusammenstellen, damit wir einen Eindruck von der Bedeutung dieser Größe in uns bekommen:

1. Unser Geist ist unser neues Ich.

1. Korinther 14,14
Denn wenn ich in Zungen bete, so betet mein Geist, aber was ich im Sinn habe, bleibt ohne Frucht.

Wenn ich in Sprachen rede, betet mein Geist! Hier sehen wir eine Gleichsetzung von unserem Geist mit unserem Ich. Die Mitte unseres Wesens, das, was unsere Identität ausmacht, ist nach der Wiedergeburt nicht mehr unsere Seele, sondern unser Geist.

2. Unser Geist ist Leben.

Römer 8,10
Wenn aber Christus in euch ist, so ist der Leib zwar tot um der Sünde willen, der Geist aber ist Leben um der Gerechtigkeit willen.

Auch hier ist eindeutig von unserem Geist die Rede, weil er in Gegensatz zu dem Leib gestellt wird, von dem es interessanterweise heißt, daß er auch dann, wenn

Christus schon in uns ist, doch noch tot ist. Diese Aussage ist für sich bedenkenswert und soll uns später noch beschäftigen. Aber im Zusammenhang der Untersuchung unseres Geistes ist es über die Maßen wichtig, daß das Wort Gottes sagt: Unser Geist – wohlgemerkt der Geist des wiedergeborenen Christen – ist Leben! Also der Geist selbst ist seinem Wesen nach göttliches Leben, denn das meint der griechische Begriff „zoe“ im Unterschied zum natürlichen oder biologischen Leben. Wir vermitteln nicht nur Leben, aus unserem Geist fließt nicht nur Leben, er ist nicht nur eine Durchgangsstation von Gottes Leben, er ist Leben.

Ich glaube, daß niemandem unter meinen Lesern entgehen wird, wie bedeutungsvoll und außerordentlich diese Aussage ist. Unser Geist ist gleichsam die Repräsentanz des göttlichen Lebens in uns und ist insofern eine Art Brückenkopf von Gottes Wesen selbst in unserer Person. Wenn der Begriff Leben Gottes alles umschreibt, was Gott ist und was er bewirkt, dann bekommen wir eine Ahnung und ein Verständnis von der außerordentlich hohen Funktion und dem übernatürlichen Charakter unseres Geistes. Dann wird es auch erklärlich, weswegen das Wort Gottes von der Tatsache, daß wir nach unserem Geiste wandeln, abhängig macht, ob wir praktisch in der Erlösung leben oder nicht.

Es ist nun nur noch ein kleiner Schritt, der uns zu der noch atemberaubenderen Feststellung führt, daß unser Geist, identisch mit unserem Ich und die Repräsentanz von Gottes Leben in uns, letztlich Jesus in uns ist:

3. Unser Geist ist Jesus in uns

Galater 2,20
Ich lebe; doch nun nicht ich, sondern Christus lebt in mir. Denn was ich jetzt lebe im Fleisch, das lebe ich im Glauben an den

Sohn Gottes, der mich geliebt hat und sich selbst für mich dargegeben.

In diesem Wort, das eine Art Selbstdarstellung von Paulus ist, setzt Paulus sein Ich, das lebt, gleich mit Christus, der in ihm lebt. So müssen wir folgern, daß sich in unserem Ich nicht nur unser Geist und das göttliche Leben ausdrückt, sondern letztlich Christus selbst. Die Identität des wiedergeborenen Christen ist in der Tiefe seines Wesens in Christus gegründet, der ein Teil seiner Person ist. Das kann uns auch insofern nicht wunder nehmen, als wir ja wissen, daß Jesus der Weg, die Wahrheit und das Leben ist (Johannes 14,6) und daß Jesus von seinen Worten sagt, daß sie Geist und Leben sind (Johannes 6,63).

So sehen wir, daß sich in unserem Ich unsere übernatürliche göttliche Natur ausbildet. Wenn Jesus das Leben ist und wenn seine Worte, die identisch mit ihm sind, ebenfalls Leben sind, dann beweist allein schon diese Gleichsetzung, daß mit der Aussage „unser Geist ist Leben" auch schon die Feststellung getroffen ist, daß unser Geist Christus ist, zumindest Christus in uns. Das korrespondiert mit der Beschreibung der neuen Geburt, die uns Jesus in seinem Gespräch mit Nikodemus gibt (Johannes 3,2-7). Jesus sagt dort:

Johannes 3,5
Wahrlich, wahrlich ich sage dir: Es sei denn, daß jemand geboren werde aus Wasser und Geist, so kann er nicht in das Reich Gottes kommen.

Das, was nach den Worten Jesu geboren werden soll, soll aus dem Geist geboren werden und ist Geist:

Johannes 3,6
Was vom Fleisch geboren wird, das ist Fleisch; und was vom Geist geboren wird, das ist Geist.

So sagen also diese beiden Worte in ihrer Verbindung, daß der bei der Wiedergeburt im Sinne eines Geburtsgeschehens uns zuteil gewordene Geist aus dem Geiste Gottes und aus dem Worte Gottes (Wasser) gebildet wird. Mit anderen Worten, unser Geist ist eine Art Reaktionsprodukt, das wie bei einer Empfängnis zustande kommt, wenn der Geist Gottes und das Wort Gottes, welches Jesus ist (Wasser), zusammentreten und sich verbinden. Wenn unser Geist aus dem Geist Gottes und aus Jesus geboren ist, dann muß er göttliche Qualität haben und dann kann es nicht verwunderlich sein, wenn das Wort ihm attestiert, daß er Leben ist.

Das macht verständlich, weswegen ihm eine solche führende Aufgabe bei der Gestaltung und Prägung unserer Persönlichkeit zukommt. Die Erlösung kann auf keinen Fall an ihm vorbeigehen.

Die Entwicklung unseres Geistes

In der Theologie der sogenannten Wort- und Glaubensbewegung ist die Bedeutung des Geistes richtig erkannt worden. Wir finden in den Schriften der klassischen Glaubensautoren immer wieder den Verweis darauf, daß Gott durch unseren Geist an uns wirkt. Er redet zu unserem Geist, er nimmt durch unseren Geist Beziehung zu uns auf, er warnt uns durch unseren Geist und befähigt uns, über unseren entwickelten und für göttliche Anregungen sensiblen Geist gehorsam zu werden. Diese Betonung hat anhand der Kapitel sechs, sieben und acht des Römerbriefes eine gute biblische Begründung. Weil unser Geist geboren wird, was einschließt, daß er Wachstumsprozesse durchläuft und am Anfang noch nicht seine volle Ausbildung hat, müssen wir darauf Bedacht legen, diesen, unseren Geist zu fördern, ihn aufzubauen und mit Nahrung auszustatten sowie ihn einem Training zu unterwerfen, so daß er erstarken und seine Aufgabe übernehmen kann. Die Notwendigkeit der Entwicklung des Geistes drückt das Wort Gottes zum einen darin aus, daß es von der Entwicklung des Geistes in dem Sinne und im Bild der Geburt spricht. Damit gibt die Schrift zu erkennen, daß Aufbau und Entwicklung unseres Geistes Wachstumsgesetzmäßigkeiten unterliegen. Zum anderen sehen wir in einer ganzen Anzahl von Schriftstellen, daß wir dafür zu sorgen haben, daß unsere gesamte geistliche Persönlichkeit wächst und aufgebaut wird. Folgende hauptrangige Wachstumsfaktoren weist uns die Schrift auf:

2. Petrus 1,4
Durch sie (durch seine Herrlichkeit und durch seine Kraft) sind uns die teuren und allergrößten Verheißungen geschenkt, auf daß ihr dadurch teilhaftig werdet der göttlichen Natur, die ihr entronnen seid der verderblichen Lust der Welt.

Durch die kostbaren Verheißungen Gottes, die ein Ausfluß von Gottes Kraft und Herrlichkeit sind, werden wir in den Stand gesetzt, eine Umprägung unseres Charakters zu erfahren, so daß die göttliche Natur an uns offensichtlich wird. In diesem Wort wird der Begriff Geist nicht erwähnt, aber ist sicher unausgesprochen gemeint, weil die tragende Mitte der geistlichen Person der Geist ist, der unsere Identität und unser Ich ausmacht.

Judas 20
Ihr aber, meine Lieben, erbaut euch auf euren allerheiligsten Glauben, betet im heiligen Geist.

Wenn wir uns selbst aufbauen, also unsere eigene Persönlichkeit fördern und unser Ich stärken wollen, wozu wir vom Worte Gottes dringend aufgefordert werden, dann ist der Glaube das herausragende Mittel dafür. Die im letzten

Bibelzitat genannten allergrößten Verheißungen werden wirkungslos bleiben, wenn nicht durch den allerheiligsten Glauben diese Verheißungen umgesetzt werden, so ein Teil unseres Ichs werden und unseren Geist damit stärken. Wir sehen also, daß Wort und Glauben die göttlichen Mittel sind, um unseren Geist zu jener Größe heranwachsen zu lassen, in der er das Kommando in der Persönlichkeit übernehmen kann.

Aus demselben Schriftwort geht ein weiteres wichtiges Prinzip zur Stärkung unseres Geistes hervor. Wir sollen im Geiste beten, was auch zum Aufbau des Geistes dient. Auf dieser Linie liegt das bekannte Wort:

1. Korinther 14,4
Wer in Zungen redet, der erbaut sich selbst.

Möglicherweise ist dieser uns anempfohlene Weg die leichteste und schönste Form, im Geist zu wachsen, weil das Beten in neuen Sprachen unmittelbar ermutigend, wohltuend und anregend ist und uns als ein Mittel der Anbetung direkt in die inspirierende Gegenwart Gottes versetzt. Neben allen unmittelbaren Auswirkungen auf unser Wohlbefinden und unsere Innenbefindlichkeit, die jeder geisterfüllte Gläubige kennen wird, der regelmäßig in Sprachen betet, wohnt dieser Praxis noch dieser zusätzliche langfristige Effekt inne, daß dadurch unser Geist auferbaut wird.

Judas 21
Und erhaltet euch in der Liebe Gottes und wartet auf die Barmherzigkeit unseres Herrn Jesus Christus zum ewigen Leben.

Sich lieben zu lassen, diese schöne göttliche Kunst, die so wenige kennen und praktizieren, ist ein weiterer Teil des Aufbauprogramms unseres Geistes. Jesus sagt:

Johannes 15,9
Gleichwie mich mein Vater liebt, so liebe ich euch auch. Bleibet in meiner Liebe.

Wenn wir in der Liebe Jesu bleiben, was also heißt, uns ständig lieben zu lassen, seine Liebe anzunehmen und auf die Lust zu verzichten, die wir durch eigene Werke erreichen wollen, dann werden wir, wie es der nächste Vers ausdrückt, selbst liebesfähig. Lieben, im Sinne der Agape, kann nur aber unser Geist.

Wir haben einen gewissen Eindruck bekommen, welche überragende Bedeutung unser Geist hat, welche ungewöhnlichen Fähigkeiten ihm eigen sind und wie er durch Anwendung von biblischen Prinzipien und Ernährung mit dem Wort Gottes gefördert wird und an Stärke und Reife gewinnt. Nun haben wir abzuklären, welche Aufgaben er übernehmen soll, wenn wir die Auswirkung der Erlösung erleben wollen, daß Jesus bereits die Lüste, Sünde, verderblichen Begierden, die Gesetzlichkeit und die Empfänglichkeit für die Welt in uns besiegt und getötet hat.

Alles, was wir bis jetzt dem Römerbrief an Aussagen über die göttlichen Vorkehrungen zur Heiligung unseres Wesens und zum Sieg über unsere Lüste entnommen haben, waren nur einzelne Stationen auf dem vielleicht etwas windungsreichen Anmarschweg zur eigentlichen Erfahrung. Die Erfahrung lautet: Wir sind tatsächlich und nachweislich der Sünde, den Lüsten, dem Gesetz und der Welt gestorben. Das darf nicht nur ein verbaler theologischer Segen sein, der irgendeine grundsätzliche Gültigkeit im Unsichtbaren oder in der Zukunft hat. Ich rede von der Erfahrung der Charakterveränderung auf einem nicht schmerzreichen und leichten Wege, den jeder informierte Christ erkennen und beschreiten kann. Nun haben wir alle Voraussetzungen beisammen, die uns das Wort Gottes liefert, und können diesen Weg beschreiben und beschreiten.

Wer seinem Geist folgt, der lebt nur aus Gnade. Er ist, wie es in Galater 5,18 heißt, nicht mehr unter dem Gesetz. Alles, was Gott an Lebensenergie, an Kraft und Wohltaten unserem Geist vermittelt und was aus unserem Geist in unsere Seele und unseren Leib hineinfließt, ist Gnade. Von der Gnade aber sagt das Wort Gottes, daß in ihrem Umkreis die Sünde ihren Reiz und ihre Kraft verliert:

Römer 7,8
Es nahm aber die Sünde Anlaß am Gebot und erregte in mir jegliche Lust; denn ohne das Gesetz ist die Sünde tot.

Römer 6,14
Denn die Sünde wird nicht herrschen können über euch, die ihr ja nicht unter dem Gesetz seid, sondern unter der Gnade.

Die Sünde entfaltet ihre Kraft erst dann, wenn sie sich am Gesetz messen kann, weil sie dann ihre Unabhängigkeit offenbart, mit der sie beweisen will, daß sie gegen den Standard Gottes bestehen kann. Wenn wir aber diesen Weg der sittlichen Leistung umgehen und uns von vornherein der Gnade überlassen, dann verliert das Gesetz, und damit auch die Sünde, seine Kraft an uns. Das ist ein erstrangiges Erlösungsprinzip. Alles, was wir im folgenden an Abläufen der Erlösung an unserem Charakter wahrnehmen werden – wir wollen diesen Prozeß in Einzelschritten wie in einer Folge von Momentaufnahmen genau untersuchen –, hat damit zu tun, daß Gnade wirksam wird. Dadurch wird der Sünde der Zugriff zu uns verwehrt.

Wir wollen nun die Stationen der Verwandlung unseres Charakters im einzelnen anhand des Wortes Gottes beschreiben. Wenn der Leser das mitverfolgt, wird dieses Geschehen an Farbe und Dynamik gewinnen, wenn er dabei seine eigenen und ungöttlichen Lüste bzw. seine zwanghaften Eigenschaften einsetzt, die Sünde sind oder Sünde erzeugen. Gehen wir meinetwegen davon aus, daß jemand immer wieder von einem zerstörerischen Jähzorn überfallen wird, dessen er sich nicht erwehren kann. Oder ein anderes Beispiel mag die Versuchung der Völlerei sein, Zigaretten zu rauchen, oder der Zwang, als wiedergeborener und geistgetaufter Christ sich doch immer wieder dabei zu ertappen, daß man unreinen Gedanken und Phantasien nachgeht.

Ich gehe ferner davon aus, daß der Leser schon Wochen, Monate oder Jahre des Kampfes hinter sich hat, in dem er sich immer wieder abgemüht hatte und Gott eingeladen hat, ihm zu helfen und sich zusammengerissen hat, um endlich aus dieser schamhaften Not heraustreten zu können. Es hat wenig gefruchtet. In einer solchen Situation kann man so enttäuscht werden, daß man sich fragt, was das Evangelium überhaupt an Charakterveränderung zu bewirken vermag. Sehen wir nun, wie die biblische Antwort auf diese Herausforderung aussieht.

1. Zunächst sagt uns Römer 6,4: Wir sind mit Christus begraben, und wir sind mit ihm auferweckt und sollen in einem neuen Leben wandeln. Das ist der Befund, der uns mitteilt, was tatsächlich und objektiv geschehen ist. Die Verse danach sagen uns noch, was mit diesem Gestorbensein alles eingeschlossen ist. Wir haben es mehrfach bereits genannt: Wir sind nicht nur mit Christus gestorben, sondern wir sind mit ihm auch der Sünde, dem Gesetz, den Lüsten, der Welt gestorben. Aber das ist nur die Beschreibung eines Tatsachenhintergrundes. Das ist noch nicht unsere praktische Erlösungs- und Heiligungswirklichkeit! An diese Worte haben wir uns gewöhnt, sie reißen uns nicht mehr zum Enthusiasmus hin. Sie lassen uns kalt, wenn sie auch in ihrer theologischen Aussage so gefällig klingen. Wie geht es weiter?

2. Der Befund selbst, also die Tatsache, daß bestimmte Dinge in der sichtbaren und unsichtbaren Welt vor zwei-

tausend Jahren geschehen sind, verändert uns nicht. Viele Christen kennen nicht einmal diese Tatsache, andere haben sie zur Kenntnis genommen, haben aber festgestellt, daß sie nichts bei ihnen an Veränderung bewirkt hat. Der Befund muß uns bekanntgemacht werden. Dementsprechend sagt Römer 6,6: „Weil wir ja wissen, daß unser alter Mensch samt ihm gekreuzigt ist, damit der Leib der Sünde aufhöre, daß wir hinfort der Sünde nicht dienen." Das ist mehr als nur der Sachverhalt. Hier wird ausgedrückt, daß wir Christen das wissen, oder zumindest wissen sollten. Der Sachverhalt muß uns bekannt sein, von uns angenommen und bejaht werden. Er muß uns als Wissensgut ständig zur Verfügung stehen, was ausdrückt, daß wir ihn wertschätzen und für wichtig erachten.

Aber auch das reicht nicht aus, um die Erfahrung zu machen, daß bestimmte einzelne Ausprägungen von ungöttlicher Lust und Erscheinungsformen eines sündhaft degenerierten Charakters mit zwanghaften Verhaltensweisen dadurch beseitigt würden. Dennoch ist dieses Stadium der Erkenntnis von Wichtigkeit. Wir können nur das später erfahren, was wir uns an Erkenntnis angeeignet haben. Unser Denken wird verändert werden, wenn wir nachdrücklich bei dieser Kenntnis bleiben, sie abklopfen auf ihre praktische Bedeutung und Auswirkung für unseren Alltag. Dennoch möchte ich dabei bleiben, weil das der Erfahrung entspricht, daß auch auf dieser Ebene Charakterveränderungen sich noch nicht einstellen.

3. Zur Erkenntnis muß das Nachsinnen, das Meditieren und das ständige Bebrüten der erkannten Wahrheit kommen. Erst durch diesen Prozeß wird das Wort Gottes im Sinne einer Glaubenserfahrung überführt von der unsichtbaren Realität im Bereich des Geistes in die Wirklichkeit von emotionalen oder sinnenkundigen Erfahrungen. Das Wort Gottes drückt das wie folgt aus (Römer 6,11): „Also auch ihr,

haltet euch dafür, daß ihr der Sünde gestorben seid und lebet Gott in Christus Jesus." Wir sollen dafür halten, wörtlich heißt es, wir sollen damit rechnen oder davon ausgehen, daß wir tatsächlich der Sünde schon gestorben sind.

Wer mit einer bestimmten Tatsache rechnet, weist ihr Realitätsgehalt zu. Dann hat sie nichts Theoretisches mehr an sich, dann ist sie ein Faktor in seinem Leben, mit dem man rechnen muß und von dem man nicht ungestraft absehen darf. Wenn eine Hausfrau für ihre vierköpfige Familie von einem monatlichen Etat von nur 1500 DM ausgehen muß, dann wird sie bei jeder Kaufentscheidung diesen Faktor in Rechnung stellen. Sie kann es sich nicht erlauben, bestimmte Anschaffungen zu tätigen, höherwertige Lebensmittel zu kaufen oder manch schöne, aber nicht absolut lebensnotwendige Dinge zu erwerben. Sie rechnet mit diesem Zahlenwert 1500 DM. Wenn sie mehr ausgibt, wird sie am Ende in ihrer Budget-Katastrophe landen. Sie weiß genau, wie weit sie gehen darf und wird dieses Limit ununterbrochen vor Augen haben.

Wenn ihr Mann eines Tages ihr erklären würde, daß er eine Gehaltsverbesserung um 2000 DM bekommen habe, also ab jetzt 3500 DM verdiene, dann würde sie einen gewaltigen Sprung an materiellem Wohlergehen, an äußeren Segnungen und Kauffreude machen können, sofern sie das glaubt und damit rechnet. Setzen wir aber den Fall, daß sie nicht damit rechnet, weil sie es einfach nicht glauben kann, daß das Gehalt ihres Mannes so aufgebessert worden ist, dann wird sie sich in ihrer natürlichen Anständigkeit und aus Angst vor Blamage und einem finanziellen Desaster weiterhin extrem beschränken. Sie rechnet dann eben nur mit diesen 1500 DM. Sie rechnet nicht die zusätzlichen Möglichkeiten mit ein und erlebt sie dann auch nicht.

Aber wir sollen damit rechnen und davon ausgehen, daß wir der Sünde schon gestorben sind und sollen in all unseren Planungen und unserer Selbsteinschätzung diesen Faktor mit einbeziehen. Das soll uns zur Gewißheit werden, die dann eine solche dominierende Kraft hat, daß wir uns ununterbrochen davon leiten lassen. Wer mit der Erlösung von seinem alten Wesen und von seiner Prägung aus der Vergangenheit rechnet, weil er damit seine Gedanken, sein Bewußtsein und sein Herz gefüllt hat, der wird es erfahren.

Geistliche Wahrheiten haben eine besondere Natur. Weil sie eben geistlich – also übernatürlich – sind, sind sie zunächst im Sichtbaren nicht vorhanden bzw. erlebbar. Sie sind real, aber ein Teil der unsichtbaren Wirklichkeit. Erst durch das, was das Wort Gottes Glauben nennt und was einen Prozeß von einzelnen Schritten darstellt, werden geistliche Wahrheiten zu real erlebbaren und im Diesseits dieser Welt sichtbaren Wahrheiten. Das Wort Gottes vermittelt uns klare Aussagen über das Wesen des Glaubens, die sich leicht zu einer schlüssigen Lehre über seinen Aufbau und seine Entwicklung zusammenfügen lassen. Der göttliche Glaube, der Fragen löst und Wunder tut, verfügt über einen bestimmten Aufbau, der immer wiederkehrt:

Am Anfang steht das Problem, z. B. eine Krankheit, eine finanzielle Schwierigkeit, eine soziale Not.

Der erste Schritt besteht darin, daß wir im Worte Gottes nachsehen, ob es ein Verheißungswort gibt, das uns sagt, daß Gott dieses Problem bereits gelöst hat. Wir suchen also nach Worten, die bereits geschehene Erlösungstatsachen beschreiben.

Haben wir ein solches Wort gefunden, bejaht und in unser Wissen überführt, dann meditieren wir darüber und sinnen darüber nach, so daß dieses Wort in unser Herz sinkt, ein Teil unserer Person wird und so die Verwandlung in Glauben erfährt.

Wenn im Rahmen dieses Prozesses biblischer Glaube entstanden ist, der dem Glaubenden eine entsprechende

Innengewißheit vermittelt, dann spricht man das aus, was man glaubt, um damit die Brücke ins Sichtbare zu schlagen.

Am Ende, so sagt uns das Wort in vielen Beispielen, werden wir aufgefordert, glaubend zu handeln. Wir reagieren durch die Kraft des Glaubens in praktischen Entscheidungen, etwa motorischen Umsetzungen auf Zusagen des Herrn, um dadurch am Ende das jeweilige notwendige Geschenk Gottes real zu erleben. Das sind die Glaubensschritte, die jedem Leser geläufig sein sollten und die in Gestalt von Theorie und vielfältigen Beispielen uns immer wieder im Worte Gottes entgegentreten.

Die Aufgabe, an der wir jetzt stehen, stellt nichts anderes als eine Entsprechung dieses Glaubensprozesses dar. Der entscheidende Teil bei diesem gesamten Vorgang ist, daß wir es nicht beim Wissen belassen, sondern dieses Wissen aktivieren, unser ganzes Denken damit imprägnieren und füllen. Gemäß der gesetzmäßigen Reihenfolge bei der Entwicklung unseres Glaubens wird es auch bei dem Thema der Charakterveränderung nach dem Stadium des Dafürhaltens und Damitrechnens und Davonausgehens, daß wir der Sünde gestorben sind, eine weitere Dimension der Erlösung geben: das Reden und verbale Argumentieren auf dieser Erkenntnishöhe.

4. Wir sprechen also das aus, was wir mittlerweile glauben, und wir sagen es durchaus auch unserer Seele, die sich dem entziehen will. Das dazugehörige Reden ist unerläßlich für die Erfahrung der Erlösung über die Lüste und verderblichen Triebe aus unserem Leib.

Jakobus 3,2
Denn wir fehlen alle mannigfaltig. Wer aber auch im Wort nicht fehlet, der ist ein vollkommener Mann und kann auch den ganzen Leib im Zaum halten.

Diese Aussage hat eine allgemeine Bedeutung, aber auch eine spezielle im Hinblick auf unser Anliegen. Dieses

Wort ermutigt uns, die Gültigkeit und Realität der Erlösung über unseren Charakter und die Befreiung von der Macht der Sünde, die wir durch Nachdenken und Nachsinnen innerlich erfaßt haben, auszusprechen. So werden wir ein vollkommener Mensch, der den ganzen Leib im Zaum halten kann. Das ist ja unser Thema. Wir wollen erleben, daß wir Macht haben über die Lüste, Kräfte und negativen Antriebe in unserem Leib und in unserem Fleisch. Das Fleisch will sich nicht geschlagen geben, weil es von dem Prinzip der Sünde bestimmt ist. Unsere Seele sagt, daß sie nicht daran denke, ihren Platz zu räumen. Sie weigert sich einfach, die Wahrheit anzuerkennen, daß Gott durch die Wiedergeburt ihr einen neuen Vorgesetzten verordnet hat. Sie verweist auf ihre Erfahrung, sie verweist auf den Sachverhalt, daß die alten Probleme noch bestehen und entzieht sich der Kontrolle durch Lüge oder lügenhafte Deutung der vorhandenen Probleme.

Wenn wir in diesem Teil der Auseinandersetzung sind, aber davon ausgehen, daß wir tatsächlich der Sünde gestorben sind, dann müssen wir das Mittel des Wortes ganz bewußt in unseren Dienst stellen. Jetzt reicht es nicht aus, daß der Geist gewachsen ist und eine gewisse Reife empfangen hat. Nun muß der Geist auch seine Autorität beweisen, indem er sich gegen die Seele zur Wehr setzt. Die Nichtausübung der Autorität seitens des Geistes ist indirekt die Bestätigung der Lüge und ist Kooperation mit der Seele. Unser Geist darf die Wirksamkeit und die Umtriebe des Fleisches, das alle neuen geistlichen Wahrheiten und Sachverhalte in Frage stellen will, nicht hinnehmen.

Wir haben ja bereits gehört, daß das Fleisch grundsätzlich nicht imstande ist, gehorsam zu sein, und daß die Seele, die sich selbst überlassen bleibt, immer zu dem Mittel der Lüge greifen wird. Die Seele wird sich verweigern, sich zurückziehen, sie wird schmollen, sie wird alle neuen geistlichen Strebungen blockieren und unterlaufen, oder wird, wenn diese Maßnahmen nicht fruchten, nach dem uns bereits bekannten Muster sich anbieten, gemeinsam mit dem Geist in edlen Strebungen und großer sittlicher Anstrengung doch das göttliche Ziel zu erreichen. Auf diesem oder jenem Wege versucht die unveränderte Seele, die sündhaften Gelüste aus dem Fleisch durchzusetzen und ihre alte Position damit zu behaupten.

Die Auseinandersetzung zwischen Geist und Seele

Jetzt wird es spannend. Im Folgenden werden wir sehen können, wie wichtig die genaue Beachtung aller biblischen Aussagen und auch die Beherzigung von Feinheiten biblischer Lehre ist. Der durch das Wort genährte und durch Glauben stark gewordene Geist kann den Ertrag nicht einbringen, den Gott von uns erwartet und den wir als Segen selbst brauchen, wenn er nicht aktiv wird. Es reicht einfach nicht aus, nur da zu sein und stark zu sein. Fraglos wird ein gewachsener Geist, der reif und sensibel für die Anregungen des Heiligen Geistes geworden ist, uns in vielerlei Hinsicht von Nutzen sein. Wir werden die Stimme Gottes unter diesen Bedingungen deutlicher verstehen, wir werden eine schöne und entspannte Beziehung mit dem Heiligen Geist, mit Gott und dem Herrn haben. Wir werden empfänglich sein für Gottes Warnungen und Führungen, wir werden das Wort Gottes mit tieferem Erleben verstehen und erfahren, uns über Gott und sein Reich freuen können und imstande sein, eine reine Vision von vor uns liegenden göttlichen Zielen zu entwickeln. Die Tatsache der vollen Entfaltung und Entwicklung unseres wiedergeborenen Geistes hat in sich seine segensvollen

Auswirkungen. Aber im Hinblick auf die Veränderung unseres Charakters reicht das allein nicht aus!

Es ist begrifflich und auch von der praktischen Erfahrung her zweierlei, ob nur unser Geist erstarkt und reif geworden ist oder ob auch unsere Seele und unser Fleisch entmachtet und unter die Kontrolle des Geistes gekommen sind. Es ist irrig zu glauben, daß wir nur das Erste anstreben sollten und daß das Zweite sich von allein einstellen würde oder gar unnötig sei. Beide Entwicklungen werden gefordert: Der Geist muß wachsen und unser Fleisch (der alte Mensch, das heißt unsere alte dominante Seele) soll sich als gestorben erweisen, aus der alten Rolle abgesetzt sein und unter die Kontrolle des Geistes kommen. Im Hinblick auf das Anliegen Charakterveränderung muß ich den letzten Gesichtspunkt besonders hervorheben. Unser Geist soll über das Fleisch herrschen. Wir sollen unserer Seele im aktuellen Fall sagen, daß sie abgesetzt ist, daß sie nichts mehr zu sagen hat und daß das, was das Wort Gottes zu den Verhältnissen in mir erklärt, richtig ist, auch wenn es so scheint, als ob die alten sündhaften Strebungen und Regungen so stark sind wie in der Zeit vor der Bekehrung. Die Maßnahmen des Herrschens über die Seele, die Beschneidung ihrer Wünsche und Aktivität, die Kontrolle über ihre Machenschaften und Betrugsmanöver obliegt allein uns. Unser Ich muß diese Aufgabe übernehmen, ein anderer tut das nicht für uns, auch nicht Gott!

Diese Aufgabe ist so wesentlich, daß das Wort Gottes uns an mehreren Stellen an diese Pflicht als eine Grundvoraussetzung des geistlichen Wandels und der Nachfolge Jesu erinnert:

Markus 8,34
Wer mir will nachfolgen, der verleugne sich selbst und nehme sein Kreuz auf sich und folge mir nach.

Die erste Grundsatzentscheidung, die wir fällen müssen, wenn wir in die Nachfolge Christi einwilligen wollen, besteht darin, daß wir uns selbst verleugnen. Diese Selbstverleugnung besteht nicht darin, daß wir bestimmte Wünsche und Gedanken verdrängen und in einer Haltung von Unechtheit und innerer Unwahrhaftigkeit so tun, als ob wir heiliger wären, als wir tatsächlich sind. Das kann nie und nimmer gemeint sein. Jesus wollte vielmehr sagen, daß wir uns, wenn wir unser Leben einmal ihm übergeben haben, als neue Wesen verstehen müssen. Wir sind eine neue Natur mit einem neuen Geist und mit einer neuen Persönlichkeitsmitte, die unter neuen Kräften und geistlichen Gesetzen antritt. Die Regungen des alten abgesetzten Menschen sollen wir nicht mehr hinnehmen, annehmen und zur Kenntnis nehmen. Wir sollen die Worte und Antriebe gar nicht mehr beachten und uns in keiner Weise mit unserer Aufmerksamkeit, mit unserem Zuhören oder in unserer Beschäftigung auf das einlassen, was die alte Seele, unser altes Selbst, uns an Gedanken, Zweifel, Bedrohungen und Verführungen nahelegen will. All dies gilt nicht mehr. Das ist alles überwunden. Das sind Nachwehen des alten Menschen, der sich in Gestalt der Lüge noch durchsetzen will. Wir haben die Aufgabe und sogar das Recht, diese Relikte unserer alten Existenz zu verleugnen und so zu tun, als ob sie gar nicht da sind, weil sie tatsächlich abgesetzt sind und nur dadurch noch Bedeutung haben können, daß wir auf diese Lüge eingehen und sie dadurch zu unserer Wahrheit erheben. In diesem Sinne können wir uns selbst verleugnen, ohne unecht und unnatürlich zu werden. In den Augen Jesu ist dieser Akt der Selbstverleugnung so wichtig, daß er ihn als erste Erfordernis ansieht, um ihm überhaupt nachfolgen zu können.

Titus 2,11-12
11 Denn es ist erschienen die heilsame Gnade Gottes allen Menschen

12 und erzieht uns, daß wir sollen verleugnen das ungöttliche Wesen und die weltlichen Lüste und züchtig, gerecht und gottselig leben in dieser Welt.

Nach diesem Wort werden wir ebenfalls aufgefordert, eine Verleugnung zu vollziehen. Diesmal bezieht sie sich auf unser ungöttliches Wesen und auf die weltlichen Lüste. Das ist allerdings nur möglich, weil uns zuvor die Gnade Gottes erschienen ist, und weil sie uns erzieht. Es ist keine göttliche Rute, die uns treibt und züchtigt, sondern die sanfte und huldvolle Gnade Gottes erzieht uns. Aus der Erfahrung des Begnadigtseins und dem ständigen Nachschub von weiterer Gnade, durch die jede Schuld erlassen und jede Maßnahme mit göttlicher Kraft ermöglicht wird, sollen wir das alte Denken, das alte Wesen, aber auch unsere weltlichen Lüste verleugnen. Auch hier meint Verleugnen, daß wir diese Lüste gar nicht zur Kenntnis nehmen und ihnen keinerlei Beachtung geben. Mit dem Begriff Verleugnen verbindet sich ein bewußtes Übersehen von jemand und die Haltung, als ob der andere gar nicht da sei, ohne Wert und ohne Bedeutung sei. Verleugnung ist etwas deutlich anderes als bekämpfen.

Philipper 3,13b
Ich vergesse, was dahinten ist, und strecke mich nach dem, das da vorne ist.

Was uns hier anempfohlen wird, ist ein aktives und gewolltes Vergessen dessen, was hinter uns ist. Das Alte hat uns nichts mehr zu sagen, es ist vergangen, es hat keine Bedeutung und soll nicht in die Gegenwart hineinreichen. Wir sollen die Entscheidung treffen, unserer Seele nicht zu gestatten, hineinzureden in unsere Gegenwart und aktuelle Befindlichkeit. Was man vergißt, ist nicht im Bewußtsein vertreten und ist für die Erfahrung gar nicht da. Genauso sollen wir umgehen mit dem alten Menschen, der immer noch in unsere jeweilige Gegenwart hineingreifen will und seine Macht, seine Anwesenheit und Ansprüche geltend machen möchte.

Lukas 9,62
Jesus aber sprach zu ihm: Wer seine Hand an den Pflug legt und sieht zurück, der ist nicht geschickt zum Reich Gottes.

Dieses Wort sowie die obige Philipperbriefaussage sind nicht so zu verstehen, daß wir die Sünden der Vergangenheit einfach zudecken sollen, sondern sie handeln davon, daß wir uns nicht mit unserem alten Wesen und mit den Ausdrucksformen unserer alten Natur beschäftigen sollen. Jesus fordert uns auf, daß wir uns willentlich abwenden von der Vergangenheit und nach vorne schauen. Es ist keine Tugend, immer wieder die Regungen der alten Seele aufzugreifen und therapierend aufarbeiten zu wollen. Dadurch werden wir immer tiefer verwickelt in die Denkweise und Dimensionen des alten Lebens, das durch Jesus bereits erstorben ist, aber durch unseren Ungehorsam künstlich in uns am Leben erhalten wird.

Wir verfolgten die Frage, wie wir sichtbar und nachweislich anders werden können. Wir fragten, wie die Zwänge des Rauchen-Müssens, der Völlerei, der Unreinheit, oder die immer wiederkehrenden Anfälle von Jähzorn und Wut ohne Anstrengung einfach ein Ende finden können. Die bisherige Antwort lautete so: Es reicht nicht aus zu wissen, daß es einen theologischen Befund gibt, wonach wir in der Tiefe unserer Person der Sünde, den Lüsten, der Welt und dem Gesetz gestorben sind. Wir müssen uns so stark damit beschäftigen und identifizieren, daß unser ganzes Bewußtsein und Denken nur noch von dieser Gewißheit und Überzeugung angefüllt sind.

Als nächster Schritt ist die Aufgabe dran, das, was uns bewegt, in Worten auszudrücken. Wir sagen es uns selbst, sagen es Gott, wir sagen es dem Teufel und wir sagen es den Lüsten und Sünden, die aus uns immer herausdrängen. Das Fleisch redet nämlich auch. Es sagt: „Die alten Probleme bestehen noch.Sie sind noch da! Der neue Sachverhalt, von dem du, Geist, so gerne ausgehst, ist noch nicht da. Sieh auf die Fakten. Sie beweisen, daß die alten Kräfte immer noch am Werk sind. Mach dir nichts vor, die sündhaften Neigungen sind unübersehbar und drängen immer wieder an die Oberfläche deines Bewußtseins." Der Geist, der aus Gottes Geist und dem Worte Gottes seine Inspiration empfängt, sagt: „Die Quelle von jeder Lust und Sünde ist bereits erledigt. Was ich brauche ist schon da. Die Lösung und die Freiheit von der Knechtung durch Triebe und Sünde ist bereits gegeben."

Der Konflikt spitzt sich zu auf folgende Streitfrage, in der sich die beiden Positionen unversöhnlich gegenüberstehen: Unser Geist sagt (sofern er sich die biblische Unterweisung angeeignet hat): „Der alte Mensch ist tatsächlich gestorben und mit ihm ist das Problem der Lust und der Sünde, die immer wieder aus dem Leib und dem Fleisch aufsteigen, beseitigt. Das Alte ist nicht mehr da und die neue Freiheit ist schon da. Es bleibt nichts für mich zu tun übrig! Es ist liegt kein Grund vor, in großen und wiederholten Anstrengungen des Willens und der moralischen Leistungsfähigkeit die alten Regungen zu besiegen."

Die Seele sagt: „Nein, das Alte ist noch nicht erledigt. Sieh auf die Fakten, die dich überzeugen müssen. Es bleibt noch etwas zu tun. Es ist noch eine Aufgabe in der Zukunft vorhanden, die wir gemeinsam auf uns nehmen sollten." Wir können diesen Konflikt noch grundsätzlicher und verdichteter formulieren. Der Geist sagt: „Das Alte ist bereits beseitigt, das Neue ist schon da." Das Fleisch sagt: „Das Alte ist noch nicht gänzlich beseitigt. Das Neue ist noch nicht da. Es muß unsererseits noch etwas geschehen."

Wie kommen wir aus diesem Konflikt heraus? Es ist jener Konflikt, von dem Paulus gesagt hat, daß wir dabei gelähmt werden, so daß am Schluß die göttlichen Absichten nicht zur Verwirklichung gelangen. Wir erinnern uns: Wir müssen fordern, daß die Antwort die Qualität der Erlösung an sich trägt, also nicht mit einem harten Einsatz von Leistung und Anstrengung errungen werden darf. Das wäre dann wiederum unsere Leistung und unser Verdienst, was in sich praktizierte Unabhängigkeit, also Sünde, ist. Nun, wir haben den Weg zur praktischen Erfahrung von Gottes Fürsorge für die Entwicklung unseres Charakters schon längst beschritten. Der Sachverhalt ist offenkundig. Jesus hat am Kreuz, indem er als Mensch mit unserem sündlichen Leib starb, die Sünde in unserem Fleisch verdammt. Wir sind, indem wir uns mit seinem Tod identifizieren und solidarisieren, mit ihm gestorben – und damit der Sünde, der Lust, der Gesetzlichkeit und dieser Welt.

Das ist eine grundsätzliche, in der Unsichtbarkeit unseres geistlichen Lebens vorhandene Position, die durch Glaubensschritte unsere Erfahrung wird. An der eben beschriebenen Konfliktsituation können wir das besonders gut darstellen. Wir hören den biblischen Befund, wir verstehen ihn und wir wissen ihn. Durch ständiges Nachdenken, Meditieren und durch die Grundsatzentscheidung, daß wir gegen den Augenschein der Wirklichkeit zu der biblischen Wahrheit stehen, wird die unsichtbare Wahrheit unsere erlebbare Erfahrung. Wir weigern uns, auf die Lüge einzuwilligen, daß wir noch etwas zu tun haben. Das ist ja gerade der Trick des Teufels, der uns über die Wirksamkeit unserer lügenden Seele zu weiteren und eigenen Anstrengungen verleiten will. Damit negieren wir das Vorhandensein von Erlösung, was die erste Sünde ist, und schreiten zur eigenen Nachhilfe und zu Erlösungsmaßnahmen, was die zweite Sünde darstellt.

Die ganz schlichte und unglaublich einfache Antwort auf die große Herausforderung des praktischen Unerlöstseins unseres Charakters und der Tatsache, daß aus dem Leib und der Seele ständig neue sündhafte Lüste und Antriebe sich anmelden, besteht darin, daß wir fortwährend zur Wahrheit des Evangeliums stehen. Wir wissen, glauben und sagen: „Auch diese Form der Erlösung ist bereits gegeben. Es bleibt für mich nichts mehr zu tun übrig." Wenn dann die Seele uns zum wiederholten Male den Tatbestand der ganz frischen charakterlichen Entgleisungen und offensichtlich sündhaften Neigungen vorlegt und uns fragt: „Wie ist das in Einklang zu bringen mit dem Vorhandensein der Erlösung von der Sünde, der Welt und den Lüsten?" Dann antworten wir im Licht der Erkenntnis von geistlichen, unsichtbaren Wirklichkeiten und sichtbar gewordenen Möglichkeiten wie folgt: „Ja, diese Lüste und Verfehlungen resultieren daraus, daß ich bislang die biblische Wahrheit praktisch nicht anerkannt habe. Ich war dir, du alte Seele, auf den Leim gegangen, die du mich ständig durch Lügen glauben machen wolltest, daß Jesus das nicht bewirkt hat oder daß ich zumindest mit meiner Anstrengung noch vieles hinzutun muß, um eines Tages eine Veredelung meines Charakters zu erfahren. Ich habe eben bisher diese Erlösungswahrheiten negiert, weswegen das alte Fleisch sich durchsetzen konnte." Wenn wir der Wahrheit durch Unglauben unser Ja versagen, dann wird das Fleisch in uns seine Wirksamkeit tun können.

So gibt es eine Erklärung dafür, daß wir Gläubigen in vielfältiger Hinsicht mit Aufrichtigkeit und Hingabe unserem Herrn folgen können, in manchen Glaubensbereichen wunderbare Erfahrungen und Veränderungen, Heil und Heilung erleben und doch an der entscheidenden Stelle der Heiligung unseres Wesens und des Sieges über Lust und Reize der Welt regelmäßig unsere Niederlage erleiden müssen. Wir haben im Umkreis dieses Themas faktisch nicht an die vorhandene Erlösung geglaubt. Wir waren davon überzeugt, daß es keine Alternative zu dem Weg gibt, daß wir einzelne Sünden mit Entschiedenheit, Gebet und Glauben niederringen müssen.

Unsere neue Taktik ist gänzlich anders. In spannungsfreien und versuchungsarmen Intervallen, zwischen den Zeiten, wo wir versucht und besiegt werden, erklären wir in großer Ruhe und ohne Anstrengung immer wieder uns und unserer Seele, was in uns schon stattgefunden hat. Wir tun nichts anderes, als daß wir uns in vielen einzelnen Fleißschritten konstant auf die Seite der Wahrheit stellen. Das geschieht nicht formalistisch im Sinne von Pflichtübungen, sondern resultiert aus der tiefen Überzeugung, die durch die ständige Beschäftigung mit dem Wort der Wahrheit zustande gekommen ist. Wir denken in diesen Kategorien, wir rechnen mit dieser Freiheit und wir sprechen sie aus. Weil wir davon ausgehen, daß diese Freiheit tief in uns vorhanden ist, erklären wir diese Wahrheiten besonders unserer Seele. Dabei kann es durchaus geschehen, daß wir im Verlauf der ersten Tage oder Wochen noch einige Male in der üblichen Manier eine Niederlage hinnehmen müssen. Wenn wir aber genau hinschauen, werden wir sehen, daß sie weniger dramatisch sind und daß die Zwanghaftigkeit der Verführung geringer war. Dann verlieren sich die Spuren der alten eingefahrenen Lust- und Sündenmechanismen mehr und mehr. Später werden wir dann mit Überraschung rückschauend wahrnehmen, daß das Problem praktisch behoben ist.

Das Schönste, was wir dabei bemerken werden, ist, daß das alte Problem wie von allein, ganz sanft, ohne große Anstrengung und ohne durchstandene Kampfessituationen verschwunden ist. Das ist die Macht der Gnade, die aus unserem Geist in unsere gesamte Person hineinströmt und uns so besetzt, daß für das Fleisch kein Platz mehr bleibt. Es erweist sich als abgemeldet, es erweist sich als tot! Dementsprechend sagt uns das Wort Gottes an keiner Stelle, daß wir unser Fleisch töten sollen. Immer ist davon die Rede, daß das Fleisch schon gestorben ist, oder sich als tot erweisen wird. Hören wir noch einmal auf Galater 5,24:

> **Galater 5,24**
> **Welche aber Christus Jesus angehören, die haben ihr Fleisch gekreuzigt samt den Lüsten und Begierden.**

Indem wir uns intensiv mit Jesus und der Wahrheit der Erlösung befassen und zu ihr stehen, haben wir unser Fleisch gekreuzigt und damit die Lüste und Begierden. Was im unsichtbaren Raum aufgrund der geschichtlichen Tatsache schon vorher vorhanden, aber in der praktischen Situation unseres Lebens noch nicht realisiert war, erweist sich dann als geschehen! So ist der Sieg über Lust, verderbliches Triebleben (im Unterschied zu den göttlich erlaubten Trieben, die uns im Rahmen von Gottes Willen Lust und Freude bescheren sollen) und Sünde exakt in dem Sinne zustande gekommen, wie wir es gemäß dem Wesen von Erlösung immer wieder postuliert hatten: Es geschah leicht, es war ein Akt der Gnade. Wir mußten uns nicht anstrengen. Diese Erfahrung ist wirklich für jedermann im Reiche Gottes möglich.

Ich kann es nicht genug herausstellen und dem Leser versichern, die Überwindung unserer typischen ungöttlichen Lüste, die uns in Verzweiflung und Frustration gestürzt haben, geschieht tatsächlich im Intervall. Solange wir uns noch dabei ertappen, daß wir uns bemühen, anstrengen und mit heiligem oder asketischem Eifer einzelne Probleme und Schwierigkeiten überwinden wollen, haben wir ganz grundsätzlich den Weg der Erlösung verfehlt! Selbst dann, wenn wir uns damit trösten wollen, daß wir ja nicht allein kämpfen, sondern dabei ausdrücklich Gottes Hilfe erbitten und den Beistand des Heiligen Geistes anfordern, bleibt es bei demselben Sachverhalt. Es war ein Akt der sittlichen Anstrengung, dem wir einen frommen Anstrich gegeben haben, indem wir Gott hinzubaten, um mit ihm gemeinsam zu kämpfen. Auf dieser Ebene sollen wir nicht agieren.

Nun könnte mir jemand entgegenhalten, daß uns das Wort Gottes ja selbst auffordert, im Kampf gegen die Sünde bis aufs Blut zu widerstehen. Muß ich mir den Vorwurf gefallen lassen, daß ich eine bestimmte Wahrheit so überdehnt habe, daß ich dadurch in Konflikt mit anderen Schriftworten gekommen bin? Ich glaube nicht. Wir müssen uns diese Textstelle näher ansehen, damit uns der Feind nicht durch den Mißbrauch von Wort Gottes unterläuft.

Hebräer 12,3-5

3 Gedenket an den, der ein solches Widersprechen von den Sündern wider sich erduldet hat, auf daß ihr nicht matt werdet und nicht in eurem Mut ablasset.

4 Ihr habt noch nicht bis aufs Blut widerstanden im Kampf wider die Sünde

5 und habt bereits vergessen des Trostes, der zu euch redet als zu seinen Kindern: „Mein Sohn, achte nicht gering die Züchtigung des Herrn und verzage nicht, wenn du von ihm gestraft wirst.“

Wir müssen genau auf den Zusammenhang dieses Verses 4, der vom Kampf wider die Sünde handelt, achten, und dann uns auch die Wortwahl in der Formulierung ansehen. Wir werden genaugenommen nicht aufgefordert, gegen die Sünde zu kämpfen, sondern ihr zu widerstehen. Weil das aber in einer echten Auseinandersetzung erfolgt, wählte hierfür der Heilige Geist den Begriff Kampf. Aber der eigentliche Vorgang ist Widerstand. Der Verfasser des Hebräerbriefes bemängelt nun, daß ihr Widerstand gegen die Sünde dadurch abgenommen hat, daß sie sich nicht ausreichend ermutigen ließen von dem Beispiel des Herrn, der ja auch den Widerspruch der Sünder ertragen hat, und von dem Trost, der darin besteht, daß Gott als der liebende Vater durchaus auch unangenehme Umstände als Erziehungsmittel einsetzt und uns damit doch nur fördern möchte.

Die Sünde, der die Hebräer widerstehen sollen, liegt nicht in der Tatsache, daß die Gläubigen von außen bekämpft oder verfolgt werden, sondern in der verkehrten Innenreaktion auf diese Herausforderung. Wer im Sinne von Resignation und Verzagtheit reagiert, der ergibt sich der Sünde. Er könnte ihr widerstehen, wenn er erkennen würde, daß er genaugenommen nur dem Beispiel des Herrn nachfolgt, der für ihn gelitten hat und gestorben ist.

So müssen wir diese scheinbare Ausnahme in der biblischen Lehre über den Widerstand gegen Sünde doch so bewerten, daß wir nicht der Mutlosigkeit und der Verzagtheit zum Opfer fallen müssen, wenn wir unserem Herrn folgen und erkennen, daß diese Rahmenbedingungen uns ehren sollen, weil wir durch das gleiche Schicksal, das unser Herr erfahren hat, imstande sind, der Sünde der Verzweiflung und der Resignation zu widerstehen. Wir widerstehen nicht in einem heftigen Abwehrkampf, sondern in Gedenken und im Sehen auf Jesus, der all das für uns durchlitten hat (Vers 2-3).

Das Ablegen des alten Menschen

In der Reihenfolge der logisch und zeitlich richtigen Schritte beim Umgang mit unserem bereits gestorbenen alten Menschen ist nun unsere Handlung an der Reihe. Wenn wir wissen, daß unsere seelische Natur, unser alter Mensch, gestorben ist, dann können wir uns von ihm trennen. Die Bibel nennt das das Ablegen des alten Menschen, um nachher den neuen Menschen anzuziehen:

Epheser 4,22-24
22 Leget von euch ab den alten Menschen mit seinem vorigen Wandel, der durch trügerische Lüste sich verderbt.
23 Erneuert euch aber im Geist eures Gemüts
24 und ziehet den neuen Menschen an, der nach Gott geschaffen ist in rechtschaffener Gerechtigkeit und Heiligkeit.

Was gestorben ist, was sich auch als gestorben und von uns getrennt erwiesen hat, kann nun beiseite getan werden. Solange faktisch der alte Mensch noch in uns wirksam war, also von uns in den Dienst gestellt und gebraucht wurde oder wir uns von ihm mißbrauchen ließen, konnte keine Rede davon sein, ihn von uns tun zu können.

Aber nun ist diese innere Trennung erfolgt. Unser ganzes Denken und Wesen ist von der Überzeugung angefüllt, daß wir eine neue Person sind, daß der alte Mensch tatsächlich gestorben ist und keine Funktion mehr in uns erfüllt. Nun ist es an der Zeit, diesen alten Menschen wie ein Kleidungsstück einfach abzulegen. Das ist eine Handlung.

Wir entschließen uns mit Willensentscheidungen nach erfolgter Vorbereitung in dem Sinne, wie wir es in diesem Kapitel beschrieben haben, nicht mehr in den alten Kategorien zu denken, zu reagieren und zu sündigen. Das ist mit einer Beschlußfassung herbeizuführen, die nicht mehr einen Appell an unser eigenes sittliches Vermögen darstellt, sondern nur noch der Ausdruck der Tatsache ist, daß die alten Kräfte ihre Macht über uns bereits eingebüßt haben.

Mit der Entscheidung, den alten Menschen abzulegen oder möglicherweise nur noch bestimmte Anteile des alten Denkens und Reagierens, die vom alten Wesen noch übriggeblieben sind, aus unserem Leben zu tun, vollziehen wir nur das, was an Überzeugung und Gewißheit schon in uns vorhanden ist. Das ist keine dramatische Handlung, die uns ganz und gar beansprucht und unsere letzten Reserven von sittlicher Kraft und moralischem Wollen erforderlich macht. Das wäre wieder die verkehrte Richtung. Nein, wir empfinden, wie alles in uns lediglich daraufhin drängt, die bisher erlebte Innenentwicklung an Befreiung mit einer Willensentscheidung abzuschließen.

Das Wort Gottes spricht auch davon, daß nach einem generellen Ablegen des alten Menschen vielleicht nur noch ein Teilbereich bestimmter sündhafter Verhaltensweisen wie ein einzelnes Kleidungsstück abgelegt werden kann und soll:

> **Epheser 4,25**
> **Darum leget die Lüge ab und redet die Wahrheit, ein jeglicher mit seinem Nächsten, weil wir untereinander Glieder sind.**

> **Kolosser 3,8-9**
> **8 Nun aber leget alles ab von euch, Zorn, Grimm, Bosheit, Lästerung, schandbare Worte aus eurem Munde.**
> **9 Belüget einander nicht; denn ihr habt ja ausgezogen den alten Menschen mit seinen Werken.**

Die Wortwahl, die das Neue Testament in der Beschreibung dieser Handlung benutzt, macht klar, daß diese Handlungs-Gehorsamsschritte nicht schwer sein können. Wir sollen einfach die genannten Dinge ablegen, wie man Kleidungsstücke ablegt. Wir sollen uns nicht töten und uns nicht mit Gewaltmaßnahmen an uns selbst vergreifen. Allerdings sagt uns Römer 8,13, daß wir durch den Geist die Geschäfte (wörtlich die Werke) des Fleisches töten sollen. Damit sind wohl die Auswirkungen des Fleisches im Sinne von einzelnen Sünden und Reaktionen zu verstehen, aber nicht die „Sünde im Fleisch“ selbst, die Jesus bereits verdammt hat (Römer 8,3).

An keiner Stelle in der gesamten Lehre über den Sieg über unser altes, sündhaftes und verderbliches Wesen wird es so offensichtlich, daß wir nur mit Erlösungsfakten umzugehen haben, wie hier. Der Heilige Geist gebraucht mit Bedacht die Formulierung „Ablegen“, um uns klarzumachen, daß die Handlung, die bei jedem Glaubensgeschehen vorhanden sein muß, uns nicht überfordert. Sofern wir im gesamten Anmarschweg wahrhaftig waren und ununterbrochen den Befund der bereits stattgehabten Erlösung auf uns einwirken ließen, wird auch dieser letzte Abschnitt uns nicht überfordern. Letztlich müssen wir nur die Gnade in Gang bringen oder durch uns hindurchfließen lassen, wozu es aber doch eines Willensentschlusses bedarf.

Wenn wir schließlich den alten Menschen ausgezogen haben, (Kolosser 3,9) haben wir darauf zu achten, daß wir in der Wahrheit bleiben, daß wir nicht mehr rückfällig werden durch Gnadenlosigkeit, Lüge und Selbsterlösung, und daß wir den bereitliegenden neuen Menschen anziehen:

> **Kolosser 3,9-14**
> **9 Belüget einander nicht; denn ihr habt ja ausgezogen den alten Menschen mit seinen Werken**
> **10 und angezogen den neuen, der da erneuert wird zur Erkenntnis nach dem Ebenbilde des, der ihn geschaffen hat.**
> **11 Da ist nicht mehr Grieche, Jude, Beschnittener, Unbeschnittener, Nichtgrieche, Skythe, Knecht, Freier, sondern alles und in allen Christus.**
> **12 So ziehet nun an als die Auserwählten Gottes, als die Heiligen und Geliebten, herzliches Erbarmen, Freundlichkeit, Demut, Sanftmut, Geduld;**
> **13 und vertrage einer den anderen und vergebet euch untereinander, wenn jemand Klage hat wider den anderen; gleichwie der Herr euch vergeben hat, so auch ihr.**
> **14 Über alles aber ziehet an die Liebe, die da ist das Band der Vollkommenheit ...**

Mit diesen Hinweisen wird uns bereits ein schöner Ausblick auf die Lehre über Heiligung gegeben. Es wird uns ein Bedürfnis sein, dem wir wie von selbst nachkommen werden, uns die neuen göttlichen Gewänder anzuziehen, nachdem wir uns der alten Regungen und Zwänge des sündhaften und triebhaften Lebens entledigt haben. Immerhin, auch dazu sind Willensentscheidungen erforderlich. Wir werden indessen im nächsten Kapitel sehen, daß das Ausziehen der alten Prägungen und Gewohnheiten sowie das Anziehen des neuen Menschen so eng miteinander verbunden sind, daß beide Maßnahmen praktisch zusammenfallen und wir mit Leichtigkeit in das neue Leben der Liebe und der Heiligkeit hineintreten können.

Die Voraussetzung für diese Erfahrung ist immer wieder die, daß wir in der Wahrheit leben, daß wir uns nichts einbilden auf natürliche Fähigkeiten, Errungenschaften, Herkunft und Bildung und daß wir Menschen der Gnade und der Vergebung bleiben (Kolosser 3,10-13). Sobald wir uns auf vermeintliche eigene Leistungen oder Privilegien besinnen, kommt die Gnade zum Stillstand und alle übernatürlichen Befähigungen kommen uns abhanden.

Die Lehre über Heiligung muß, wie ich es in einem früheren Buch einmal ausgedrückt habe, gänzlich neu geschrieben werden. Es ist für den durchschnittlich langfristig geprägten Christen unvorstellbar, daß der Prozeß der Heiligung so schön aussehen kann und so leicht vonstatten geht, wie es uns diese Schriftworte nahelegen. Aber es ist so, damit sollten wir sehr zufrieden sein. Es ist hohe Zeit, daß die Christenheit aus dem Dauerkrampf und dem ständigen Streß herauskommt, mit eigener Kraft die göttlichen Normen erfüllen zu wollen.

Die Herrschaft des Geistes über das Fleisch

Was ist eigentlich das „Neue“ dieser Lehre, gemessen an dem, was wir an Betonungen und seelsorgerlichen Lehransätzen bereits im Leib Jesu vorfinden? Natürlich können wir es uns nicht erlauben, etwas wirklich Neues einführen zu wollen, was nicht schon im Worte Gottes enthalten ist. So rede ich lieber von Neuentdeckungen alter Wahrheiten, die die ersten Generationen der Christen vor zweitausend Jahren noch kannten und erlebten, die dann jedoch im Laufe der Jahrhunderte verschüttet worden sind.

Zu der besonderen Betonung des Wesens und der Funktion unseres Geistes, wie wir sie in der sogenannten Wort- und Glaubenslehre vorfinden, steht dieser Lehransatz gleichzeitig in größter Übereinstimmung und Kontrast. Dem Kundigen wird bekannt sein, daß ausgehend von Hagin, Osteen, Cho und manchen anderen Autoren im Schrifttum der Wort- und Glaubensbewegung eine starke Betonung darauf gesetzt wird, daß wir unsere neue Identität durch das Wort Gottes begründen und gestalten, indem wir wissen, glauben und erklären, wer wir in Jesus sind. Diese vielfältige und sicher mit Recht betonte Wahrheit hat dazu beigetragen, daß immer mehr Christen herausgetreten sind aus der Unmündigkeit und Anfälligkeit ihrer früheren Nachfolge und sich unabhängig gemacht haben von Umständen und Innenbefindlichkeiten, weil sie durch das Wort ihren Geist trainiert und zum Wachstum gebracht haben. Die Lehre also, daß wir geistliche Menschen werden müssen, die durch das Wort Gottes in ihrem Geist erstarken, und deswegen ihre Erbschaft antreten können, stellt insofern gewiß nichts Neues dar.

Die Lehre, die wir vor allem aus Römer 6 entnommen haben, ist nicht identisch mit diesem bekannten und auch hilfreichen Ansatz. Es reicht nicht aus – und hier liegt der fundamentale Unterschied zu der eben geschilderten Lehre über unseren neuen, mündigen Geist – geistlich stark zu werden. Genauso wichtig ist es auch, systematisch auf die Entmachtung des Fleisches, also des alten Menschen, zu achten und diese voranzutreiben. Wenn das Wort uns sagt, daß die Sünde nicht mehr herrschen kann über uns, die wir nicht mehr unter dem Gesetz, sondern unter der Gnade sind, dann gilt diese glorreiche Aussage nicht so sehr wegen unseres erstarkten Geistes, sondern wegen der Tatsache, daß das Fleisch entmachtet und gestorben ist. Das ist zweierlei. Die Lehre über den durch Wiedergeburt vermittelten und durch das Wort Gottes erstarkten neuen Geist ist nun einmal nicht identisch mit der Lehre über das Gestorbensein des alten Menschen und das Abgestorbensein gegenüber Sünde, Lust, Gesetzlichkeit und Welt. Es ist sehr wohl denkbar und praktisch in vielen Fällen auch gegeben, daß einzelne Christen durch einen kultivierten Umgang mit dem Wort Gottes ihren eigenen Geist stärken und zur Mündigkeit führen, aber sie geraten dadurch, daß sie an diesem Punkte stehen bleiben und nicht die Seele (den alten Menschen) der Macht ihres Geistes unterordnen, immer wieder unter die Räder des angriffswütigen und nicht entmachteten Fleisches.

Mir sind einige Male in meiner Umgebung und bei meinen Reisen Chefs von Betrieben begegnet, die in ihrer Persönlichkeit objektiv stark waren, aber sich doch nicht imstande erwiesen, Intrigen und Machtgelüste einzelner Angestellter abzuweisen. Sie waren Besitzer ihres Werkes und wurden dennoch von ihren Prokuristen oder Abteilungschefs manipuliert und gelenkt.

An diesem Bild können wir erkennen, welche Prozesse ablaufen sollen, wenn jemand zu Christus gekommen ist. Er hat durch die Wiedergeburt einen neuen Geist bekommen, der durch das Wort Gottes wachsen und im Gehorsam sich trainieren soll, um sich dann anschließend gegen das Fleisch und die alten seelischen Programmierungen durchzusetzen. Wir hatten bereits festgestellt, daß die Seele, die mit der Wiedergeburt ihre Vorherrschaft einbüßt, sich dies nicht so einfach gefallen läßt und in ihrer durch und durch lügenhaften Gesinnung und ihrem launischen Wesen sich und anderen nicht eingestehen will, daß sie nun untergeordnet ist. Dementsprechend kommt es zu einem ständigen Kampf des Fleisches gegen den Geist. Das Fleisch weiß, daß es kraft des neuen Status', den die Persönlichkeit durch die Wiedergeburt eingenommen hat, entmachtet ist. Aber es nimmt es nicht hin und kann sehr häufig – statistisch leider im Regelfall – den Kampf gegen den neuen Vorgesetzten, den Geist, siegreich für sich entscheiden. Der Geist, der durch Unkenntnis des Wortes und der Zusammenhänge seiner neuen Existenz und seiner Berufung sich von den Fakten bertrügen läßt, gibt sich geschlagen oder willigt in ein unwürdiges Gleichgewicht auf einem Niveau ein, das weit unter seiner Berufung liegt.

Das neue Leben als Kinder Gottes mit einem erstarkten Geist und dem Sieg über den alten Menschen ist nur dann in großer Breite der Christenheit zugänglich, wenn sie exakt nach dem Worte Gottes über die tatsächlich vorhandenen Umschichtungen und Befähigungen des Geistes aufgeklärt wird. Dann wird sie nicht mehr das Opfer von Lüge und Täuschung seitens des Fleisches sein. Ohne Lehre werden wir nicht die richtige Richtung erkennen und imstande sein, der Verführung durch Lüge zu entkommen und unsere neue Position in Würde und Beharrlichkeit einzunehmen.

Ich möchte die Entwicklung unseres Charakters im Licht der biblischen Wahrheiten aus Römer 6 bis Römer 8 anhand eines Beispieles verdeutlichen:

Ein größerer Industriebetrieb wurde aufgrund des frühen Todes des Besitzers einer Treuhandverwaltung übergeben, die den ersten Prokuristen des Werkes zum Leiter ernannte, bis der vorhandene Erbe seine Aufgabe übernehmen könnte. Das Werk wurde von diesem Prokuristen und seine Mitarbeitern schlecht und recht über die Jahre gebracht und konnte erhalten werden, ohne daß aber größere

Gewinne erwirtschaftet werden konnten. Die Belegschaft war undiszipliniert, der Prokurist führte einsam und mit autoritärer Gewalt, aber ohne Kenntnis vieler Einzelheiten den Betrieb, während die Abteilungsleiter häufig in die eigene Tasche wirtschafteten und sich zu Lasten des Werkes mit den Betriebsangehörigen zusammentaten.

Eines Tages wurde im Werk seitens der Treuhandgesellschaft die Nachricht ausgegeben, daß mit einem bestimmten Stichtag der Sohn und Nachfolger des ehemaligen Besitzers seine Dienstgeschäfte aufnehmen würde. Er befand sich noch in sehr jungen Jahren, aber er hatte die Vollmacht der Treuhandgesellschaft bekommen, den Betrieb seines Vater leitend zu übernehmen.

Bei der anberaumten Betriebsversammlung, bei der die etwa dreihundert Werksangehörigen, die Abteilungsleiter und auch der Prokurist zugegen waren, erschien dann schließlich ein junger Mann, der mit seinen achtzehn Jahren noch fast wie ein Kind wirkte. Freundlich lächelnd schritt er nach kurzer Eröffnung durch den Treuhänder zu dem aufgebauten Podium, um seine Begrüßungsansprache zu halten und sich dem Werk als der neue Chef vorzustellen. Als die Arbeiter und Angestellten diesen jugendlichen Mann mit seinen blonden, lockigen Haaren und unschuldig blauen Augen sahen, begannen sie zu lachen, zu feixen und ihren Spott über ihn zu treiben. Dieser Knabe, der noch nicht ganz trocken hinter den Ohren war, wollte sich nun anschicken, dem Werk vorzustehen. Manche listigen Pläne wurden sofort geschmiedet, diesem jungen Burschen eins auszuwischen und durch Intrige und Arbeitsverweigerung klarzumachen, wer in diesem Hause das Sagen hat. Die höheren Angestellten des Betriebes und die Abteilungsleiter warfen sich bedeutungsvolle Blicke zu, die alle dasselbe zu sagen schienen: „Dem werden wir es zeigen. Was will dieser junge Schnösel von uns? Er wird noch früh genug erfahren, wer hier bestimmt.“ Der Prokurist saß mit unbewegter Miene in der ersten Reihe und strahlte mit seinem ganzen Verhalten Widerstand und Verachtung aus. Es war eine ausgemachte Sache, daß bei einer solchen Konstellation der Dinge dieser Juniorchef überall auf Granit beißen und sehr bald das Geschäft wieder aus den Händen legen würde.

In einer solchen von Gelächter, Aggression und Überheblichkeit erfüllten Atmosphäre, ergriff der junge Chef das Wort. Alle waren darauf gefaßt, daß sie jetzt schon bei der ersten Begegnung Zeugen eines Debakels werden würden, indem er heulend oder zitternd den Raum verlassen würde. Aber es kam anders. Nach wenigen einführenden Begrüßungsworten sagte der Juniorchef, daß er Kenntnis von dem unguten Stand der wirtschaftlichen Entwicklung des Werkes bekommen hatte, und daß deswegen sofort drastische Veränderungen vorgenommen würden. Keiner sollte entlassen werden, aber alle müßten darauf gefaßt sein, eine Veränderung ihrer Position und ihres Aufgabengebietes hinzunehmen. Dann wandte er sich an den Prokuristen und machte ihm, der bis dahin die leibhaftige Überlegenheit und Distanz war, deutlich, daß er von diesem Augenblick an seine Funktion als Prokurist eingebüßt hätte. Er hätte zu warten, bis ihm eine neue Aufgabe übergeben würde. Anschließend wandte er sich an die Abteilungsleiter, um ihnen zu eröffnen, daß auch sie mit sofortigem Vollzug aus ihren bisherigen Aufgaben entlassen wären und noch am selben Tage in neue Verantwortung eingeführt würden. Das kam mit einer solchen Entschlossenheit und Deutlichkeit aus dem Mund dieses jugendlichen Chefs, daß den Angesprochenen jeglicher Sinn nach Gelächter und Überheblichkeit sofort abhanden kam. Sie wußten nicht, was sie davon halten sollten und erlebten, daß sie mit herunterhängenden Unterkiefern wortlos diese Aussagen entgegennehmen mußten. Es fiel ihnen einfach nichts ein, was sie darauf erwidern konnten.

Ähnlich erging es der restlichen Belegschaft, die hinnehmen mußte, in eine sorgfältig vorbereitete Umstrukturierungsmaßnahme einzuwilligen. Niemand sollte entlassen werden, aber wer mit den Veränderungen nicht einverstanden sei, betonte der neue Chef, könne sofort gehen.

Diese Betriebsversammlung endete gänzlich anders, als es sich die Beteiligten vorgestellt hatten. Sie hatten alle ihre einstudierten Floskeln und ihre Schlagfertigkeit vergessen. Niemand muckste auf, sie gingen alle pikiert wie begossene Pudel in die ihnen zugewiesenen Arbeitsbereiche zurück.

Ein junger Chef hatte mit dem Wissen um seine Autorität und Vollmacht mit Klarheit und Kühnheit herausgestellt, wer von nun an im Betrieb das Sagen hatte. Niemand wurde entlassen. Es wurde lediglich jedermann klargemacht, wer der Chef im Hause war.

Unser wiedergeborener Geist ist nicht um seiner selbst willen da. Er hat die Aufgabe, in die Intrigen und Machenschaften des Fleisches einzugreifen, um mit Vorsatz und Nachdruck den alten Menschen aus all seinen Aufgaben herauszudrängen und klarzumachen, wer der Chef in der neuen Persönlichkeit ist. Solange unser Geist sich nicht auf der Höhe der biblischen Offenbarungen gegen das Fleisch und seine Autorität und gegen die Lüge des alten Menschen durchsetzt, wird man im Reiche Gottes nicht die Wahrheit der Lehre über das mit Christus Gestorbensein in all seinen Auswirkungen erfahren. Das muß gelehrt werden und dann exakt so praktiziert werden.

Bis jetzt waren wir alle, weil wir uns dem Wort Gottes nicht exakt anvertraut hatten, von dem Verweis des alten Menschen auf die faktisch noch vorhandenen Auswirkungen unserer alten Natur überfahren und betrogen worden. Wir glaubten dem, was wir sahen, was uns unser altes

Fleisch ständig vorhielt und haben dabei den wahren Sachverhalt, der in der geistlichen Tiefe unserer Person als neue Realität lagerte, übersehen oder nicht ernst genommen. Es war für die Entwicklung des Reiches Gottes hilfreich, daß in den letzten Jahrzehnten eine zunehmende Betonung auf die Bedeutung unseres Geistes und unserer neuen Identität in Christus gelegt wurde. Das reicht aber nicht aus! Die mit dieser Betonung einhergehende Lehre legte alleiniges oder zu starkes Gewicht auf die Tatsache, daß wir durch unsere neue Identität stärker zum Übernatürlichen befähigt werden. Das ist wahr, ist aber nur die eine Seite neutestamentlicher Lehre zu diesem Thema. Der andere Aspekt des durch das Wort Gottes erstarkten Geistes liegt darin, daß dieser Geist seine Überlegenheit gegenüber dem Fleisch, dem alten Menschen und den alten seelischen Programmierungen beweisen und mit Macht, Autorität und ohne Rücksicht auf fleischliche Verluste seine Position durchsetzen soll. Das Resultat ist die Erfahrung, daß wir befreit werden von dem Zwang, unseren alten Lüsten und Begierden dienen, der Welt verfallen sein und in den Zwängen der Gesetzlichkeit gefangen bleiben zu müssen.

Das Wort sagt uns eindrücklich (Römer 8,2.4), daß wir erst dann von der Macht des Gesetzes der Sünde und des Todes befreit sind, wenn wir nach unserem Geist wandeln und nicht mehr auf die Stimme und die Verführung des Fleisches hören. Die Bestandteile dieser biblischen Lehre sind überschaubar und leicht zu verstehen. Sie müssen Eingang nehmen in eine systematische Lehre über Charakterentwicklung und seelsorgerliche Nutzanwendung. Das wird den Christen außerordentlich gut bekommen, weil sie sich durch den Gnadenaspekt dieser Lehre ermutigt fühlen werden. Wenn unser Geist gewachsen ist, wenn das Fleisch, das, wie wir mehrfach betont haben, einen unausrottbaren Hang zur Gesetzlichkeit hat, faktisch entmachtet ist, dann erst ist der Weg zur lustvollen Erfahrung von Gnade freigegeben. Auch in bezug auf die Erfahrbarkeit der Gnade gilt der Sachverhalt, daß die alleinige Betonung der Notwendigkeit eines mündigen Geistes nicht ausreichend ist, um den Zugang zur Gnade und den Genuß der Gnade zu ermöglichen. Es müssen beide Aspekte gleichermaßen beachtet werden, damit wir Menschen der Gnade werden. Wir müssen sowohl unserem Geist zur Größe und Reife verhelfen als auch erkennen, wie wir dadurch in den Stand gesetzt werden, durch Herrschen über unser Fleisch und durch die Erfahrung des mit Christus Gestorbenseins aus scheinbar unausrottbaren Zwängen und Nötigungen zu negativer Lust, Sünde und Verderben herauszutreten.

Die neue Indienststellung von Seele und Leib

Es bleibt noch ein Gesichtspunkt zu verfolgen, der auch im Gleichnis zur Sprache kam (natürlich lege ich keine eigenen Gleichnisse aus, sondern das Gleichnis ist nach dem Schriftbefund geformt). Die Mitarbeiter der Firma wurden nicht entlassen, sondern ihnen wurde neue Arbeit zugewiesen, die sie in einer straffen Arbeitsdisziplin im Rahmen eines neuen Konzeptes leisten sollten. Der alte Mensch, der sich aus Seele und Leib zusammensetzt, wird nicht beseitigt, sondern neu strukturiert und in den Dienst Gottes gestellt.

Die Voraussetzung für diesen Prozeß ist die Grunderfahrung, daß die Seele ihre Vorherrschaft einbüßt und sich unterordnen muß unter die Direktiven des Geistes. Dementsprechend wird die Seele – und mit ihr der Körper – einem Prozeß der geistlichen Disziplinierung unterworfen, in dessen Verlauf die Seele verändert, gereinigt und geheiligt wird. Dadurch wird sie in den Stand versetzt, der Persönlichkeit und Gott zu dienen, geordnete und nützliche Leistungen zu bringen und allen Leerlauf und querulatorische Strebungen aufzugeben.

Die Seele, die sich diese Behandlung gefallen lassen muß und sich ihr dann schließlich überläßt, geht dadurch wohl ihrer alten Privilegien verlustig, aber kann sich dadurch auch zu ungeahnter Leistungsfähigkeit entwickeln. Ähnliches trifft für den Leib zu, der über die Seele vom Geist seine neuen Anweisungen, aber auch Schutz und Geborgenheit erfährt.

Mit drei Schriftworten will ich die Grundzüge dieses Prozesses und einige Auswirkungen der so veränderten und geheiligten Seele darstellen:

Jakobus 1,21
Darum so leget ab alle Unsauberkeit und alle Bosheit und nehmet das Wort an mit Sanftmut, das in euch gepflanzt ist, welches kann eure Seelen selig machen.

Römer 12,1-2
1 Ich ermahne euch nun, liebe Brüder, durch die Barmherzigkeit Gottes, daß ihr eure Leiber gebet zum Opfer, das da lebendig, heilig und Gott wohlgefällig sei. Das sei euer vernünftiger Gottesdienst.
2 Und stelltet euch nicht dieser Welt gleich, sondern verändert euch durch Erneuerung eures Sinnes, auf daß ihr prüfen möget, was Gottes Wille ist, nämlich das Gute und Wohlgefällige und Vollkommene.

3. Johannes 2
Mein Lieber, ich wünsche, daß dir's in allen Stücken wohlgehe und du gesund seiest, so wie es deiner Seele wohlgeht.

Das Wort Gottes, das in uns bereits gepflanzt ist, wodurch wir überhaupt erst Kinder Gottes geworden sind, entfaltet eine besondere Wirkung an unseren Seelen, wenn wir es mit Sanftmut annehmen: Es errettet unsere Seelen. Wohlgemeint, hier ist mit diesem Ausdruck „Errettung der

Seele“ nicht unsere Bekehrung und Wiedergeburt beschrieben. Die wird vorausgesetzt. Das Wort Gottes, das wir mit Bedacht und Sanftmut auf uns einwirken lassen, kann mehr. Es verändert, heilt, heiligt unsere Seele, welche dabei in einem solchen Umfang Verwandlung erfährt, daß das Wort Gottes diesen Prozeß „Errettung der Seele“ nennt.

Diesem Wort entnehmen wir also die Aussage, daß unser Geist, der der Seele vorgesetzt ist, das Wort Gottes an die Seele weiterreicht, um sie dadurch zu verwandeln. Eine ähnliche Formulierung finden wir übrigens in Hebräer 10,39, wo davon die Rede ist, daß die, die nicht weichen, sondern glauben, ihre Seele erretten.

Die Ermahnung von Paulus in Römer 12 bezieht sich im ersten Vers mehr auf den angemessenen Umgang mit unseren Leibern. Wir sollen diese als ein lebendiges, heiliges und wohlgefälliges Opfer darreichen, was ein Gottesdienst der Vernunft ist. Weil unser Leib der Tempel des Heiligen Geistes ist und weil wir uns nicht selbst gehören, deswegen soll auch unser Körper unter die Verfügung Gottes kommen. Indem wir ihn als ein lebendiges, heiliges Opfer verstehen und Gott übergeben, handeln wir vernünftig. Unser Leib, der in den Dienst Gottes gestellt wird und in diesem Vorgang aus unserem Geist und der veränderten und disziplinierten Seele Weisung und Kraftzustrom erfährt, ist zu Leistungen und Handlungen fähig, die natürlicherweise nicht möglich sind.

Schließlich verrät uns die bekannte Textstelle aus dem 3. Johannesbrief das Geheimnis von Wohlergehen und Gesundheit. Unter der Voraussetzung, daß es unserer Seele gut geht, was noch mehr ist als eine disziplinierte, geordnete und heile Seele, sollen wir erfahren, daß es uns in jeder Hinsicht wohlgeht und wir gesund sind. Das liegt exakt auf der Linie biblischer Lehre über das richtige Zusammenspiel von Geist, Seele und Leib. Wenn unser Geist die führende Größe und entscheidende Instanz in unserer Persönlichkeit ist und seine Herrschaft über Seele und Leib erfolgreich angetreten hat, dann wird die Seele nicht nur ihre richtige Platzanweisung erfahren und von all ihren launischen und kapriziösen negativen Strebungen und Tendenzen befreit werden, sondern dann wird die so geordnete Seele Heilung erfahren. Auf dem Wege zu dieser Heilung sollen wir dann den Strom von Gottes Heiligem Geist und seine Heilungskraft in den Leib und in alle anderen Lebensbereiche fließen lassen.

Dahinter steht eine konkrete Lehre über die Bedeutung und die Auswirkung einer geheilten und in den Dienst Gottes gestellten Seele, der wir bereits in den vorigen Abschnitten begegnet sind. Wenn unser Geist das Wort Gottes und die Wirkungen des Heiligen Geistes ständig an unsere Seele weiterreicht, kann dadurch ein Maß von Veränderung unserer Persönlichkeit und Harmonisierung des ganzen Wesens erreicht werden, das einen umfassenden Segen in allen Belangen unseres Lebens bewirkt. Somit will uns das Wort Gottes sagen: Es reicht nicht aus, daß wir geistlich intakte Persönlichkeiten in dem Sinne werden, daß wir geistliche Wohltaten anerkennen und beachten, auch unsere Seele soll durch das Evangelium Heilung und Wohlergehen erfahren, d. h. unsere Gefühle, unsere Verstandesfähigkeit, unser Wille und der Charakter sollen geordnet und bereichert werden.

Die Heilung unserer Seele geschieht nicht irgendwie, und erst recht nicht automatisch. Wir sind mit unserem Willen entscheidend daran beteiligt. Das ist auch der Grund, weswegen es in Hebräer 10,39 heißt, daß wir unsere Seele erretten. Vom Fleisch heißt es, worauf ich mehrfach hingewiesen habe (Römer 8,7), daß es zum Guten nicht fähig ist und nicht gehorsam sein kann. Die Seele, die von der Bürde der angemaßten Führerschaft befreit und unter die Erziehung unseres Geistes gekommen ist, erfährt dadurch eine Umprägung, so daß sie in den Dienst Gottes gestellt werden kann und für die Person sehr förderliche Eigenschaften entwickelt. Wenn das Wort Gottes und der Heilige Geist über unseren Geist auf unsere Seele Einfluß nehmen, dann werden alle ihre Funktionen – das meint das Denken, die Gefühle und die Willenstätigkeit – eine positive Veränderung erfahren. Die Seele, die von dem Zwang der Selbstvergötterung und Selbstverherrlichung befreit ist, wird das mit geordnetem und logischem Denkvermögen belohnen. Gefühle und Stimmungen, die einer geheilten Seele entströmen, werden nichts Unzuverlässiges, Launisches, Depressives und Angstbetontes an sich haben. Frieden, Freude und der Zustand von Ausgeglichenheit werden für sie typisch sein. Schließlich wird auch die Willensfunktion durch solche günstigen Rahmenbedingungen in dem Sinne verbessert werden, daß ein solcher Gläubiger sich auf seinen Willen verlassen kann. Er wird frei von Ängsten sein und seinen Willen souverän handhaben.

Zu diesen dadurch bereits gegebenen Segnungen kommt dann noch die Auswirkung des Verheißungswortes hinzu (3. Johannes 2), daß nach solchen Voraussetzungen Gott einen weiteren und umfassenderen Segen beschlossen hat. Der Nachfolger Jesu, der das Erlösungsangebot bis zu diesem Punkt in sich hat wirken lassen, soll dann erleben, wie er in jeder anderen Hinsicht, was alle Belange unseres Lebens und Wünschens einschließt, gesegnet sein soll. Wer hat, dem soll gegeben werden. Wer eine gesunde Seele hat, dem soll alles gegeben werden.

Kapitel 9

Die Lust am Herrn, der Untergang des alten Menschen und die Befähigung zu lieben

So schön die biblische Lehre über die Lust am Herrn auch ist, so verlockend ihre fast uneingeschränkten Auswirkungen sind, es muß erst einmal der Weg gefunden werden, der uns zu der Erfahrung bringt, daß wir gerne und ohne Mühe Lust an Gott haben. Das größte Hindernis auf unserem Weg zu dem Genuß Gottes und der Erfahrung seiner lustvollen Herrlichkeit sind die vielfältigen sehr irdischen Gelüste und Begierden, die uns in ganz andere Richtungen abtreiben. Preis sei Gott, wir haben die Lösung gefunden, die Gott für dieses Problem bereithält.

Indem wir konsequent die biblische Wahrheit über das Schicksal des alten Menschen in uns festhalten und zur Grundlage unserer täglichen Lebensführung, aber auch der Charakterentwicklung machen, werden wir sehen, daß wir mehr und mehr befreit werden von all jenen häßlichen und egozentrischen Wünschen und Zwängen, die uns von Gott fernhalten. Der Weg zur Lust am Herrn ist frei!

Sind wir aber erst einmal an dieser Stelle unserer geistlichen Entwicklung angekommen, dann haben wir weit mehr

Befreiungen und Geschenke empfangen als nur den Zugang zur Lust am Herrn. Unser Geist, der durch das Wort Gottes gewachsen ist und durch sein Herrschen über das Fleisch seine uneingeschränkte Dominanz in unserer Persönlichkeit entfaltet hat, kann nun jene Frucht hervorbringen, der sich bis dahin das alte seelische Regime in uns erfolgreich widersetzt hat.

Galater 5,22-23
22 Die Frucht aber des Geistes ist Liebe, Freude, Friede, Geduld, Freundlichkeit, Gütigkeit, Glaube, Sanftmut, Keuschheit.
23 Wider solche ist das Gesetz nicht.

Wenn unser Geist, der nach Römer 8,10 Leben ist – gemeint ist göttliches, übernatürliches Leben – sich frei entfalten kann, dann wächst er, um eine spezifische Frucht zu erzeugen. Die Frucht dieses Geistes – wohlgemerkt, wir reden von unserem Geist, nicht vom Geist Gottes – besteht aber aus positiven, göttlichen Charaktereigenschaften wie Liebe, Freude, Friede, Geduld, Freundlichkeit, Gütigkeit, Glaube, Sanftmut und Keuschheit (Besonnenheit).

Das Wort Gottes, das in unser Herz gekommen ist und unseren Geist befruchtet, wird, wenn es nicht von seelischen Widerständen sowie Lüsten und weltlichen Begierden bedrängt ist, diese Frucht wie von selbst entstehen lassen. Ein Baum muß sich nicht anstrengen um Frucht zu bringen. Unsere Kinder wachsen auch ohne eigenes Bemühen wie von allein durch alle Altersstufen, bis sie ihre volle Größe und Reife erreicht haben. So verhält sich auch unser Geist. Unser Geist ist erst dann fähig, diese göttliche attraktive Frucht auszubilden, wenn er uns gänzlich regiert und nicht mehr unser Fleisch unser Denken und unsere Entscheidungen bestimmt (Galater 5,18).

Zur Ausbildung der Frucht ist also nicht nur das Vorhandensein eines starken und intakten Geistes erforderlich, sondern auch die Abwesenheit von sündhaften Strebungen unseres Fleisches, die sich in weltlicher Begierde, Lüsten und Freuden äußern. Damit ist genau der Sachverhalt angesprochen, den wir im Gleichnis vom Sämann finden. Jesus sagt (Markus 4,19), daß die Sorgen der Welt, der Betrug des Reichtums und die Begierden nach allem anderen in uns eindringen und das Wort ersticken, so daß es ohne Frucht bleibt. Wohlgemerkt, der Glaube ist entstanden, denn in diesem Fall von Saat ging der ausgestreute Samen wohl auf, es entstand eine Pflanze (die Pflanze des Glaubens), aber es kam nicht zur Ausbildung von Frucht, weil die Dornen das Glaubensgewächs daran gehindert haben und es erstickten.

Wir dürfen aus dieser geistlichen Gesetzmäßigkeit folgern, daß die freie Entwicklung unseres Geistes, der nicht mehr vom Fleisch bedrängt oder behindert wird, dafür sorgt, daß sich wunderbare göttliche Charaktereigenschaften bei uns herausbilden, unter anderem Liebe, Freude, Friede, Freundlichkeit und Gütigkeit. Diese Frucht, ich sage es noch einmal, wächst ohne Anstrengung aus unserem Geist heraus, der durch göttliches Leben durchflossen wird und voll von Gnade ist. Das ist auch der Grund, weswegen es in Galater 5,23 heißt: „Wider solche ist das Gesetz nicht." Wo Gnade wirkt, hat das Gesetz seine Macht verloren. Das ist auch der Grund dafür, daß die aus Gnade resultierenden göttlichen Charaktereigenschaften immer auch die Natur von Freude, Freundlichkeit, Gütigkeit und Sanftmut haben. Ihnen sind jene Eigenschaften und Färbungen eigen, die durch bewußtes Bemühen und moralische Anstrengung nie erreicht werden können. Wenn Gottes Gnade unser Wesen prägt, sind wir nicht nur tiefgründig, ehrlich, echt und von Liebe bestimmt, dann kennzeichnen auch Eigenschaften wie Entspanntheit, Fröhlichkeit, Freundlichkeit, Natürlichkeit und Echtheit das Bild unserer Persönlichkeit.

Ich will nun anhand von uns inzwischen geläufig gewordenen Schriftstellen aus dem 6. Kapitel des Römerbriefes verdeutlichen, wie diese göttliche Liebe, welche im Prinzip ja alle anderen Fruchtarten unseres Geistes einschließt, sich in uns entwickelt. Das Wort gibt uns einige interessante und genaue Aufschlüsse darüber.

1. Ich zitiere zunächst noch einmal das Schriftwort aus Römer 6,4: „So sind wir ja mit ihm begraben durch die Taufe in den Tod, damit, gleichwie Christus ist auferweckt von den Toten durch die Herrlichkeit des Vaters, also sollen auch wir in einem neuen Leben wandeln." Wir stellen fest: Durch das Gestorbensein und Auferstandensein mit Christus wird uns die Herrlichkeit des Vaters zuteil, die sich in einer völlig neuen Art von Leben äußert, in dem wir wandeln sollen. Hier ist von „Zoe", dem göttlichen Leben, die Rede, von dem wir gerade festgestellt haben, daß es aus unserem Geist entspringt und in sich die Qualitäten trägt, die die Frucht unseres Geistes gestalten. Also, göttliches Leben in uns, das ist gleichbedeutend mit Liebe und allen anderen Charaktereigenschaften.

2. Römer 6,8: „Sind wir aber mit Christus gestorben, so glauben wir, daß wir auch mit ihm leben werden." Auch dieses Wort ist uns bereits hinreichend bekannt. Jetzt wollen wir unser Augenmerk darauf richten, daß uns verheißen wird, daß wir unter der Voraussetzung des Gestorbenseins mit ihm auch m i t ihm leben sollen.

Dieses kleine Wort „mit" kann man leicht übersehen. Durch diesen Hinweis, daß wir mit Christus leben sollen, wird u n s deutlich gemacht, daß wir in der Gemeinschaft mit Jesus und in seiner Umgebung leben sollen, wobei wir ununterbrochen seine Gegenwart und seinen Charakter erleben und genießen können. Das färbt ab.

Die ständige Erfahrung, in der wohltuenden Gegenwart des Herrn zu sein, ohne durch fleischliche Impulse ständig abgelenkt, bedrängt oder gar in Verdammnisgefühle hineingestoßen zu werden, ist für sich schon eine Delikatesse. Wenn wir nur noch im Geiste wandeln, weil unser Geist dem alten Menschen die Wahrheit erklärt und ihn abgemeldet hat, dann ist unsere Beziehung zu unserem Herrn störungsfrei und wird sehr viel Genuß seines einzigartigen Charakters und seiner Liebe ermöglichen. Wir können dann lieben, weil wir ständig in seiner Gegenwart sind und uns von ihm geliebt sehen.

3. Wenn wir durch ständigen Umgang mit Jesus die Prägung durch seine Liebe und seinen Charakter erfahren haben und in unseren innersten Bedürfnissen befriedigt sind, dann können wir für Gott leben. Auch das wird uns in diesem Kapitel in Abhängigkeit von der Grunderfahrung des mit Christus Gestorben- und Auferstandenseins als Möglichkeit und Aufgabe vorgelegt. Römer 6,10: „Denn was er gestorben ist, das ist er der Sünde gestorben ein für allemal; was er aber lebt, das lebt er Gott."

Wohlgemerkt, dieses Wort gilt zunächst nur für Christus. Weil er aber unser Vorbild ist, können wir in allen Einzelheiten seinem Beispiel folgen. Römer 6,13: „Auch ergebet nicht der Sünde eure Glieder zu Waffen der Ungerechtigkeit, sondern ergebet euch selbst Gott, als die da aus den Toten lebendig sind, und eure Glieder Gott zu Waffen der Gerechtigkeit." Nachdem wir mit Christus gestorben sind, müssen wir nicht mehr der Sünde leben, sondern können stattdessen uns Gott ergeben, das heißt, für ihn leben. Wenn wir für ihn leben, dann werden wir mit Freuden und ohne Zwang und Krampf gerne Zeit im Gebet mit ihm verbringen, sein Wort studieren, in die Fürbitte gehen, mit Freuden und Überzeugung die Anbetung pflegen und mit ihm gemeinsam in den geistlichen Krieg gegen feindliche Mächte und Strukturen gehen. Es wird uns dann ein Bedürfnis sein, aus der erfahrenen Liebe und Gemeinschaft mit ihm heraus denen etwas davon mitzuteilen, die das nicht wissen und in Krankheit, Einsamkeit und Gottesferne kaputtgehen. Wir werden mit Freuden ihm dienen wollen, indem wir uns für seine Gemeinde einbringen und in Treue und Beharrlichkeit Dienste in der Gemeinde Gottes übernehmen. Wir sollen uns also Gott ergeben und ihm dienen. Aber zunächst ist uns von Gott geboten, voll von seinem Leben, das heißt, voll von seiner Liebe und seinen göttlichen Eigenschaften zu sein und Zeit mit ihm zu verbringen.

4. Schließlich werden wir aufgefordert, daß wir unsere Glieder, das heißt, auch unseren Körper, Gott als Waffen der Gerechtigkeit zur Verfügung stellen (Römer 6,13b).

Ähnliches lesen wir in Römer 6,19b: „Gleichwie ihr eure Glieder ergeben hattet zum Dienst der Unreinigkeit und von einer Ungerechtigkeit zur anderen, so ergebet auch nun eure Glieder zum Dienst der Gerechtigkeit, daß sie heilig werden. Auf dieser Ebene liegt auch die Ermahnung von Paulus in Römer 12,1: „Ich ermahne euch nun, liebe Brüder, durch die Barmherzigkeit Gottes, daß ihr eure Leiber gebet zum Opfer, das da lebendig, heilig und Gott wohlgefällig sei. Das sei euer vernünftiger Gottesdienst."

Das sind, verglichen mit den bisherigen Aussagen über unser Fleisch und über unseren Leib, neue Töne. Unser Leib und unsere Glieder sollen Waffen der Gerechtigkeit sein und sie sollen in diesem Dienst für die Gerechtigkeit heilig werden. Wir sollen überhaupt unseren Leib als ein Opfer Gott geben, das lebendig, heilig und Gott wohlgefällig ist. Wir dürfen daraus schließen, daß auch unser Leib, von dem wir immer wieder aus dem Wort vernommen haben, daß aus ihm die sündlichen Regungen und Triebe aufsteigen, eine Entwicklung durchläuft, wonach er am Ende doch für Gott brauchbar ist und sogar die Qualität von Heiligkeit aufweist.

Wir werden also befähigt, unsere ganze Person in den Dienst Gottes zu stellen, wobei unser Leib keine mindere oder unbedeutende Rolle zu übernehmen hat. Mit unserem körperlichen Einsatz, mit unseren Händen und Füßen sollen wir praktische Liebesarbeit tun. Witwen, Kranke, Waisen, aber auch die Nichtgläubigen besuchen, um ihnen unsere Liebe zu bringen und Hilfeleistungen anzubieten.

Erst durch das Fungieren der Glieder unseres Leibes ist es möglich, praktische Hilfe im Sinne von Barmherzigkeit und Nächstenliebe anzubieten. Die Erlösung umfaßt den ganzen Menschen. Somit ist auch der Leib einbezogen.

Wir müssen noch im einzelnen abklären, was in unserem Körper vonstatten geht und wie der Prozeß aussieht, den er, anfänglich als Quelle sündhafter Regungen und Strebungen, bis zur Qualifizierung als heiliger Leib durchläuft.

Wie bereits gesagt, dem Körper sind wir bisher in dem Sinne in der Schrift begegnet, daß er die Quelle von ungöttlichen und fleischlichen Regungen ist:

Jakobus 4,1
Woher kommt Streit und Krieg unter euch? Kommt's nicht daher: aus euren Lüsten, die da streiten in euren Gliedern?

In diesem Sinne ist auch die Formulierung in Römer 6,6 zu verstehen, in der Paulus von dem „Leib der Sünde" redet. Noch deutlicher wird der Zusammenhang in Römer 6,12. Dort spricht Paulus davon, daß wir die Sünde nicht mehr in unserem sterblichen Leibe herrschen lassen sollen, Gehorsam zu leisten s e i n e n Gelüsten. Aus diesem Vers, wie auch aus dem vorgenannten Schriftwort geht hervor, daß aus unserem Leib Lüste ihren Ursprung nehmen und uns dazu verführen, ihnen gehorsam sein zu wollen.

Diese Lehre geht sogar so weit, daß Paulus in Römer 8,10, also in einem Zusammenhang, wo er längst dazu übergegangen ist, den Sieg unseres Geistes über das Fleisch darzustellen und zu rühmen, noch folgendes sagen kann: „Wenn aber Christus in euch ist, so ist der Leib zwar tot um der Sünde willen, der Geist aber ist Leben um der Gerechtigkeit willen."

Das ist ein bemerkenswerter und beeindruckender Sachverhalt: Christus lebt in uns, und dennoch erweist sich unser Leib noch als tot um der Sünde willen, wiewohl unser Geist Leben ist. Es ist offensichtlich, daß es sich hier um einen sehr komplizierten Sachverhalt handelt, bei dem wir sehr genau auf die Feinheiten der biblischen Argumentation achten müssen, um nicht irgendwo im Abseits zu landen. Das, was durch weite Strecken der paulinischen Briefe uns als das Ziel unserer christlichen Existenz dargestellt wird, daß Christus in uns ist, scheint, gemessen an dem Ergebnis, das Paulus hier beschreibt, doch noch nicht ausreichend zu sein! Selbst unter diesen Voraussetzungen kann unser Leib noch tot sein, das heißt, nicht für Gott verwendbar und nicht von seinem Geist erquickt und gekennzeichnet. Dementsprechend sind auch die Verse 12 und 13 zu verstehen: „So sind wir nun, liebe Brüder, Schuldner nicht dem Fleisch, daß wir nach dem Fleisch leben. Denn wenn ihr nach dem Fleisch lebet, so werdet ihr sterben müssen; wenn ihr aber durch den Geist des Fleisches Geschäfte tötet, so werdet ihr leben."

Das klingt alles so, als ob fleischliche Bestrebungen im Prinzip unausrottbar und unvermeidbar aus unserem Leib hochsteigen. Aber wir sind nicht verpflichtet, auf das Fleisch zu achten, vielmehr sollen wir es negieren und gemäß der Stimme unseres Geistes reagieren.

Die entscheidende Antwort auf die Frage, was mit unserem Leib geschieht, finden wir in

Römer 8,9.11
9 Ihr aber seid nicht fleischlich, sondern geistlich, wenn anders Gottes Geist in euch wohnt. Wer aber Christi Geist nicht hat, der ist nicht sein.
11 Wenn nun der Geist des, der Jesus aus den Toten auferweckt hat, in euch wohnt, so wird derselbe, der Jesus von den Toten auferweckt hat, auch eure sterblichen Leiber lebendig machen durch seinen Geist, der in euch wohnt.

Der Gedankengang ist, soweit ich das sehe, folgender: Wenn Gottes Geist in uns wohnt – achte darauf, daß jetzt nicht mehr von unserem Geist, sondern von Gottes Geist die Rede ist –, dann sind wir nicht mehr fleischlich, sondern wir sind geistlich, was ein Beweis dafür ist, daß unser Geist dominiert. Die Betonung sehe ich auf dem Wort „wohnen" liegen. Es reicht nicht aus, daß Gottes Geist in uns vorhanden ist. Er möchte in uns wohnen, also ein gern gesehener Gast oder gar Hausherr sein, der durch keinerlei Opposition behindert oder bedrängt wird. Das ist allein dann gegeben, wenn unser alter Mensch faktisch gestorben ist.

Wenn nun unter diesen Bedingungen Gottes Geist in uns wohnt, dann gilt die Aussage von Vers 11: Der Heilige Geist, der in uns wohnt wird unsere sterblichen Leiber, die bis dahin tot waren, also nicht für Gott verfügbar waren, lebendig machen.

Die Veränderung unseres Körpers und die Umwertung zu einem Instrument, das Gott wohlgefällig und heilig ist und das Gott in seinen Dienst nehmen kann, obliegt offensichtlich dem Heiligen Geist, der in uns wohnt, und nicht nur geduldet ist, weil unser alter Mensch mit all seinen verkehrten Strebungen und Trieben das Feld geräumt hat. Dementsprechend heißt es auch in

1. Korinther 6,19-20
19 Wisset ihr nicht, daß euer Leib ein Tempel des heiligen Geistes ist, der in euch ist, welchen ihr habt von Gott, und seid nicht euer eigen?
20 Denn ihr seid teuer erkauft; darum so preiset Gott an eurem Leibe.

Unser Leib ist die Wohnstätte des Heiligen Geistes. Dieser Leib ist Gott so teuer und so wichtig, daß wir im Hinblick auf ihn Gott preisen sollen. Indem nun der Heilige Geist in uns wohnt, will er auch über uns verfügen, was der Text so ausdrückt, daß wir nicht unser eigen sind. Damit ist der Anschluß an die Worte aus dem Römerbrief vollzogen. Unser zunächst toter Leib wird durch den Heiligen Geist, der in uns wohnt, weil er ein gern gesehener und nicht bekämpfter Gast ist, so verwandelt, daß er nun lebendig ist, heilig und für Gott verfügbar. Heilig heißt ja, für Gott ausgesondert zu sein. Das ist aber nur dann möglich, wenn der oder das Ausgesonderte von seiner Qualität ist. Das Wort Gottes sagt uns nun eindeutig, daß unser Leib lebendig gemacht wird, was ein anderes Wort dafür ist, daß Gottes Wesen und heilige Art sich unserem Leib mitteilt und dieser dadurch für Gott verfügbar wird.

Jetzt können wir verstehen, daß Gottes Wort als weitere und letzte Folge dieser Entwicklung feststellt, daß auch unser Körper, unsere Glieder, geheiligt werden sollen und Gott zur Verfügung stehen:

Römer 6,19b.22
19 ... So ergebet nun eure Glieder zum Dienst der Gerechtigkeit, daß sie heilig werden.
22 Nun ihr aber seid von der Sünde frei und Gottes Knechte geworden, habt ihr eure Frucht, daß ihr heilig werdet, das Ende aber ist ewiges Leben.

Heiligung unserer Person und unserer Glieder ist die unmittelbare Folge davon, daß wir mit Christus der Sünde und allen fremden Gelüsten und Neigungen gestorben sind. Indem wir mit Jesus auch auferstanden sind, haben wir eine neue Qualität von Leben, Liebe und Verfügbarkeit für Gott in uns. Und das alles ohne Anstrengung!

Heiligung ist eine schöne Abfolge von göttlichen Befähigungen, die uns allein durch Gnade zuteil werden, weil wir der Sünde und der Gesetzlichkeit gestorben sind. Heiligung muß von uns gewollt werden, aber widerfährt uns dann. Sie ist frei von Anstrengung, hat nichts mit Entsagung und Verzicht zu tun, bedeutet nicht harte Arbeit und einschneidende Opfer. Heiligung ist schlicht die Folge der Tatsache, daß wir die gesamte Erlösung angenommen haben und zutiefst davon überzeugt sind, daß wir auch befreit sind von dem Zwang und dem Hang zur Gesetzlichkeit, das heißt zur eigenen Leistung. Ist diese Einsicht als feste Überzeugung in uns vorhanden, dann kann die Gnade fließen. Davor wird sie durch unsere Überzeugung, mit eigener Kraft dem Gesetz Genüge tun zu können oder zumindest gewisse Beiträge zu unserer Entwicklung aus unserem moralischen Vermögen liefern zu können, behindert.

Heiligung ist Aussonderung für Gott, die totale Willigkeit und Fähigkeit, für ihn da zu sein und zu lieben. Heiligung ist insofern eine durch und durch übernatürliche Erfahrung, in der unsere eigenen Heiligungsbemühungen und krampfhaften Anstrengungen, mit ganzem Einsatz und totalem Verzicht Gott unsere Ergebenheit zu bekunden, keinen Platz haben.

Dieser einfache Zusammenhang zwischen der Grunderfahrung, daß Christus für uns gestorben ist und daß wir mit ihm gestorben sind einerseits und der Tatsache andererseits, daß wir als für Gott Ausgesonderte die Fähigkeit haben, lieben zu können, wird besonders deutlich in folgendem bekannten Schriftwort ausgedrückt:

2. Korinther 5,14-15
14 Denn die Liebe Christi dringet (bedrängt oder ergreift) uns, da wir dafür halten, daß, wenn einer für alle gestorben ist, so sind sie alle gestorben.
15 Und er ist darum für alle gestorben, damit die, die da leben, hinfort nicht sich selbst leben, sondern dem, der für sie gestorben und auferstanden ist.

Die Liebe Christi ergreift und bedrängt uns, so daß wir selbst lieben müssen, indem wir einfach davon ausgehen, daß sein Tod ein stellvertretender Tod war, der für uns geschehen ist. Indem wir diese Entscheidung treffen, wird dieser Tod für uns gültig und uns zugerechnet. So sind wir mit ihm gestorben. Weil aber unser alter Mensch mit seinem alten Denken, Wesen und Motiven gestorben ist, deswegen können wir lieben und für Christus und die Menschen leben. Denn das größte Problem, das uns bislang an der Liebesfähigkeit gehindert hat – unsere Selbstbezogenheit –, ist ebenfalls gestorben.

Der Zusammenhang erscheint einfach, für manche zu einfach, so daß sie nicht glauben können, daß durch diese schlichte Voraussetzung schon unsere Liebesfähigkeit, unser Hingabevermögen an den Herrn und sein Reich und Heiligung möglich werden. Dieser einfache Zusammenhang ist im Grunde der Ursprung unserer Liebesfähigkeit. Es kommt halt darauf an, daß wir die Erfahrung des mit Christus Gestorben- und Auferstandenseins (wie sie uns im Wort Gottes im Römerbrief sehr ausführlich erläutert wird) nicht nur intellektuell und verbal bejahen, sondern auch in allen Einzelheiten und Stufen existentiell und in großer Wahrhaftigkeit durchexerzieren. Christus hat, als er am Kreuz hing, die Sünde in unserem Fleisch bereits verdammt. Wer das glaubt, von ganzem Herzen glaubt und von dieser Tatsache gänzlich in Beschlag genommen ist, der wird es tagtäglich erleben.

Kapitel 10

Lustvolle Heiligung

In diesem Kapitel wollen wir sehen, wie der Kreis sich schließt. Wir wollen die letzten Schritte unseres Weges von der Lust am Herrn zur Heiligung gehen. Die Betonung soll und muß unbedingt auf der Tatsache liegen, daß diese Heiligung, die das Wort Gottes von uns fordert, lustvoll sein muß!

Heiligung ist ein Wort, bei dem manche Christen zusammenzucken. Sie wissen, Heiligung ist notwendig, das Wort Gottes fordert es, und sie sehen es auch ein, daß der Charakter von uns Christen einer Veränderung bedarf. Mehr oder weniger alle Nachfolger Jesu glauben, daß dieses Geschehen der Heiligung ein langer und schmerzhafter Prozeß ist, bei dem wir sehr viele Opfer bringen müssen, immer wieder vom Heiligen Geist in unseren Wünschen und Absichten und auch manchen sehr weltlichen Gelüsten beschnitten werden, damit wir dann am Ende zu jener Persönlichkeit heranreifen, die Gott gefällt und seinen Charakter repräsentiert.

Ein solches Verständnis von Heiligung ist eine einzige Karikatur von Gottes Absichten mit uns. Gott will uns wohl verändern, damit wir Jesus immer ähnlicher werden und auch immer stärker seinen Charakter empfangen, an dem wir uns dann selbst freuen und den wir genießen können.

Jedoch nicht nur das Endresultat soll erfreulich und genußreich sein. Auch der Weg dorthin! Es kann gar nicht anders sein, weil eine Heiligung ohne Freude, die nur auf der Ebene von Verzicht und schmerzhaften Verlusten vonstatten geht, in Wirklichkeit nie stattfinden wird. Wir sind nämlich nicht willens und auf Dauer auch nicht imstande, uns gegen das Lustgefälle zu entwickeln und etwas anzustreben, was uns Schmerzen bereitet.

In Grenzen werden wir wohl bereit sein, vorübergehend einige Einbußen hinzunehmen, wenn wir sehen, daß das Endresultat erfreulich ist. Aber eine lebenslängliche Prozedur einer verlust- und entbehrungsreichen Heiligung steht gegen unsere menschliche Natur und übrigens auch gegen den Willen unseres Herrn. Wer sich dennoch anschickt, das lehren oder selbst praktizieren zu wollen, wird scheitern. In der Tat, die Resultate alter pietistischer Heiligungslehren, die uns nur auffordern, auf alle Freuden der Welt zu verzichten, immer den unteren Weg zu gehen und allem abzusterben, was schön, gut und erstrebenswert ist, sind absolut nicht überzeugend. Das Ergebnis waren Generationen von Christen, die sich in einem pervertierten Verständnis von Heiligkeit mit süßsaurer Miene durchs Leben quälten, sich viel auf ihre Dauerverzichtserfahrung einbildeten und sich und anderen weismachen wollten, daß dies der höchste Grad aller Freuden sei. Solche Christen sind eine einzige Abschreckung für ihre Umgebung. Sie erweisen sich in fast allen Belangen als inkompetent, sind verkrampft, unecht und unnatürlich. Bei ihnen kann niemand den Charakter Jesu als eines Herrn, der voll Freude, Friede und Kraft ist, erkennen. Gott bewahre uns vor dieser Art der Heiligung.

Dennoch, Gott will unsere Heiligung! Kein Argumentieren kann an diesem Standard vorbeiführen. Alles, was wir bis jetzt aus der Schrift untersucht haben bezüglich des göttlichen Weges zu unserer Charakterveränderung, beweist uns, daß Heiligung nicht unter solchen Bedingungen ablaufen muß. Preis sei Gott, es gibt einen Weg zur Veränderung unseres Charakters, der schön und lustvoll ist und deswegen eine attraktive Einladung an uns darstellt, ihn zu beschreiten. Die Anwendung der bislang gewonnenen Erkenntnisse über die Erlösung, die Jesus für unseren Charakter erworben hat, stellen insofern den Höhepunkt dieses Buches dar und geben den verläßlichen theologischen Hintergrund für eine Lehre über Heiligung, die nicht qualvoll sein muß und sein darf.

Ich will nachfolgend, damit dieser Gedankengang möglichst exakt verfolgt werden kann, die wichtigsten Feststellungen zu diesem Thema thesenhaft auflisten, um sie nachher im einzelnen abzuhandeln:

1. Ein Leben in Heiligung ist der absolute göttliche Standard.
2. Gott bewirkt die Heiligung an uns.
3. Wenn Gott uns heiligt, vollzieht er das über Jesus.
4. Heiligung geschieht an uns, aber wir müssen sie wollen.
5. Der Heilige Geist ist uns zur Hilfe gegeben. Er lehrt uns, wie wir die bereitliegende Heiligung anwenden können.

(Zu 1) Das ist der Wille Gottes, eure Heiligung

Es kann kein Zweifel daran bestehen, daß eine heilige Lebensweise Gottes Wille für uns ist. Wir sollen nicht nur erlöst sein, sondern als Erlöste Jesus ähnlich werden und mit der Verwandlung unseres Charakters ein Brief Gottes an unsere Umgebung werden.

1. Thessalonicher 4,3
Denn das ist der Wille Gottes, eure Heiligung ...

1. Thessalonicher 4,7
Denn Gott hat uns ... berufen ... zur Heiligung .

1. Petrus 1,16
... „Ihr sollt heilig sein, denn ich bin heilig.“

Diese Worte weisen eindeutig aus, daß Heiligung keine Option, sondern ein absolutes Muß für uns Nachfolger Christi ist (siehe auch 3. Mose 19,2/1. Petrus 2,5.9). Gott erwartet einfach von uns, daß wir heilig leben, weil wir als seine Kinder seinen Charakter widerspiegeln sollen. Deswegen sagt er, daß wir heilig sein sollen, weil er heilig ist. Ein Leben der Nachfolge, das nur bis zu der Erfahrung der Wiedergeburt gekommen ist, aber Heiligung ausschließt, entspricht nicht der göttlichen Norm. Wir sind zur Heiligung berufen.

Die Feststellung, daß Gott uns geheiligt sehen will, ist nur eine Rahmenerklärung. Daraus dürfen wir nicht gleich eine moralische Maxime machen, indem wir fordern, daß wir nach Kräften heilig leben sollen. Der Erlaß eines solchen Gebots würde bedeuten, daß wir uns gegenseitig auffordern, unsere sittlichen Kräfte zu mobilisieren und in eigenem Vermögen gemäß dem göttlichen Standard zu leben. Das ist nicht gemeint, das ist Sünde, weil jeder Versuch, Gott ohne Glauben gehorsam werden zu wollen, Sünde ist (Römer 14,23).

Neben der Forderung nach Heiligung muß es noch einen spezifischen geistlichen Weg geben, der uns zeigt, wie wir dieses Ziel erreichen können. Dieser Weg existiert tatsächlich. Das Wort Gottes sagt uns, daß Heiligung ein Teil der von Jesus schon bewirkten Erlösung ist.

(Zu 2) Unsere Heiligung kommt von Gott

Das Wort Gottes stellt wiederholt tröstend fest, daß nicht wir selbst uns heiligen sollen, sondern daß Gott die Heiligung an uns bewirkt:

1. Thessalonicher 5,23
Er aber, der Gott des Friedens, heilige euch durch und durch, und euer Geist ganz samt Seele und Leib müsse bewahrt werden unversehrt, unsträflich auf die Ankunft unsers Herrn Jesus Christus.

Die herausragende Aussage in diesem zitierten Vers ist: Er macht es; er heiligt uns durch und durch. Wenn Gott diese Aufgabe in die Hand nimmt, dann sorgt er umfassend für die Veränderung unserer Person, so daß wir in allen Anteilen unserer Persönlichkeit von Geist über Seele bis zum Leib dadurch verwandelt werden. Interessant ist, daß dieses Wort nicht nur auf die Heiligung hinauswill, sondern uns den Nutzen der Heiligung für uns selbst darstellt: Wir werden dadurch bewahrt und zu einem Leben der Unversehrtheit und Unsträflichkeit befähigt, was ein anderes Wort für einen totalen Schutz ist, der uns dadurch zuteil wird.

Es kann nicht genug herausgestellt werden, daß wir uns selbst nicht heiligen sollen, sondern daß Gott uns heiligt. Damit sind wir vor den größten Lasten verschont. Wie macht das Gott, wenn er uns so durchgreifend heiligt? Das hohepriesterliche Gebet verrät es uns.

Johannes 17,17
Heilige sie in der Wahrheit; dein Wort ist die Wahrheit.

Jesus spricht in seinem Gebet Gott an und bittet ihn, daß er seine Brüder und Schwestern in der Wahrheit heiligen möge. Jesus fügt dann sofort hinzu, was die Wahrheit ist. Das Wort Gottes ist die Wahrheit.

Somit können wir sagen, daß Gott einen spezifischen Weg einschlägt, wenn er uns heiligt. Er tut das über die Wahrheit, die sein Wort ist und in Jesus Christus personifiziert ist.

Gott bewirkt die Heiligung, aber die Mittel, die er dazu gebraucht, sind die Person Jesu, sein Leben, Leiden und Einsatz für uns und der Heilige Geist.

(Zu 3) Jesus hat für uns die Heiligung bewirkt

Wenn wir uns auf den Pfad der Heiligung begeben und nicht irgendwelchen beliebigen Anschauungen folgen, die in der Gemeinde Gottes darüber bestehen, sondern uns ausschließlich an das Wort Gottes halten, kommen wir zu der entscheidenden Entdeckung: Jesus hat die Heiligung schon für uns bewirkt. Wir müssen diese Wahrheit nur im Glauben übernehmen.

Das Urerlebnis und den Hintergrund dieser Heiligung beschreibt folgendes Pauluswort:

1. Korinther 1,30
... Christus Jesus, welcher uns gemacht ist ... zur Heiligung ...

Er hat die Veränderung bei uns im Prinzip schon bewirkt. Wir müssen sie lediglich übernehmen. Man kann sich zu schnell an diese einfachen und doch revolutionären Worte gewöhnen, daß Jesus für uns zur Heiligung gemacht ist. Der Inhalt dieser Aussage ist atemberaubend. Wir sollen uns verändern, aber die Veränderung selbst ist von Jesus schon bewirkt worden. Er hat in sich und für sich etwas getan, was bei uns zur Auswirkung gelangt.

Johannes 17,19
Ich heilige mich selbst für sie, auf daß auch sie geheiligt seien in der Wahrheit.

Nach diesem Wort gibt es so etwas wie eine stellvertretende Heiligung, was uns fast absurd erscheinen mag. Aber das ist die biblische Botschaft. Gott sei gedankt, daß es eine solche Botschaft gibt. Andernfalls müßten wir selbst dieses schwierige Geschäft übernehmen! Jesus heiligt sich für uns. Das Wort Gottes berichtet insofern nicht nur von dem stellvertretenden Leiden und Sterben Jesu im Hinblick auf unsere Sünde, Schuld und Krankheit, sondern auch von einer stellvertretenden Heiligung. Er hat das für uns gemacht, so daß wir uns nur in diese fertige Heiligung hineinsetzen müssen.

Das mutet wie ein Zug an, auf dessen Bestimmungstafel die Aufschrift zu lesen ist: „Richtung Heiligung." Wir setzen uns im Glauben hinein und lassen uns in dieser Heiligung zum Ziel bringen. Ein solches Bild, ich gebe es zu, erscheint skandalös und mutet an wie eine willkürliche Simplifizierung dieses Geschehens. Wir werden geneigt sein zu sagen: „So geht es nicht, das ist zu billig und zu einfach." Aber das gibt im Grunde wieder, was uns die Schriftworte zum Thema Heiligung sagen. Jesus hat sie für uns gemacht, so müssen wir lediglich dafür sorgen, daß wir uns gänzlich auf Jesus verlassen, uns von ihm abhängig machen und in ihm sind.

Die Essenz der christlichen Lebenskunst besteht darin, daß wir uns von allen jenen Aufgaben und Leistungen fernhalten, zu denen wir nicht berufen sind. Jesus hat für uns alles getan. Er ist unser Versorger, Helfer und Heiliger. Wir sollen nicht über den Punkt hinaus, daß wir das empfangen, was er für uns errungen hat.

So können wir uns getrost in die Sessel unseres Zuges, Heiligung genannt, zurücklehnen. Wir haben nichts zu leisten, sondern nur fest bei dem Vorsatz zu bleiben, in diesem Zug zu verharren. Es kann dabei noch aufregend genug zugehen. Wir werden, wenn wir aus diesem fahrenden Zug schauen, sehr bald am Streckenrand Menschen sehen, die Richtung Heiligung marschieren und mühsam mit ihren wunden Füßen über unwegsame Wege gehen. Wenn sie sehen, wie wir als göttliche Lebenskünstler im Zuge sitzen und an ihnen vorbeifahren, werden sie uns beschimpfen, verachten, mit Steinen und mit Eiern bewerfen.

Sie werden uns zurufen, daß wir Verräter sind, die sich das Leben zu einfach machen und werden ärgerlich und erbost über uns sein. Dabei kann es uns durchaus widerfahren, daß wir von manchen Tomaten, Farbbeuteln und anderen Gegenständen getroffen werden, Scheiben kaputtgehen und wir dem rauhen Wind der Ablehnung ausgesetzt werden.

Mit diesem Bild bin ich bei dem Sachverhalt, der im Hebräerbrief beschrieben wird:

Hebräer 12,10-11
10 Denn jene haben uns gezüchtigt wenige Tage, wie es ihnen gut dünkte, dieser aber zu unserem Besten, auf daß wir an seiner Heiligkeit Teil erlangen.
11 Alle Züchtigung aber, wenn sie da ist, dünkt uns nicht Freude, sondern Traurigkeit zu sein; aber danach wird sie geben eine friedsame Frucht der Gerechtigkeit denen, die dadurch geübt sind.

Die Züchtigung, die wir mit der Zulassung des Vaters erfahren, indem wir von unserer Umgebung um Jesu willen abgelehnt werden, soll uns helfen, Anteil an seiner Heiligkeit zu empfangen. Indem wir von unserer Umgebung abgelehnt werden, Widerspruch und Verfolgung hinnehmen, wird der Prozeß der Veränderung in uns beschleunigt. Wir erleben nachdrücklich, was wir nicht mehr sind und wie wir nicht werden sollen, und erfahren dadurch eine friedsame Frucht der Gerechtigkeit. In diese Richtung trifft auch das Wort

1. Petrus 4,1b
Denn wer am Fleisch gelitten hat, der hat aufgehört mit der Sünde.

Wir müssen den Zusammenhang erkennen: Wenn wir uns der Heiligung allein durch Jesus überlassen, leben wir so den üblichen Maßstäben entgegengesetzt und beziehen unsere Kräfte und Orientierung allein vom Herrn, so daß wir für unsere Umgebung ärgerlich sind. Jesus bewirkt wohl unsere Heiligung, aber der leiderzeugende Widerstand unserer Umwelt beschleunigt diesen Prozeß der Abkehr vom weltlichen Denken und dem weltlichen Lebensstil.

Nun zurück zu der Leistung, die Jesus für uns vollbracht hat:

Epheser 5,25b-27
25 Christus hat geliebt die Gemeinde und hat sich selbst für sie gegeben,
26 auf daß er sie heiligte, und hat sie gereinigt durch das Wasserbad im Wort,
27 auf daß er sie sich selbst darstellte als eine Gemeinde, die herrlich sei, die nicht habe einen Flecken oder Runzel oder etwas dergleichen, sondern daß sie heilig sei und unsträflich.

Jesus hat sich für uns dahingegeben, damit er uns heiligt. Indem wir sein Verdienst für uns als gültig annehmen und uns ständig unter den Einfluß seines Wortes begeben, was eine Art freiwillige Gehirn- und Herzenswäsche ist, werden wir und geheiligt, so daß wir in den Augen Gottes herrlich, flecken- und runzelfrei sind und auch unsträflich erscheinen.

1. Korinther 1,2
Der Gemeinde Gottes zu Korinth, den Geheiligten in Christus Jesus, den berufenen Heiligen ...

Sofern wir in Christus Jesus sind, erleben wir in dieser Position auch seine Heiligung an uns. Wer nicht in ihm ist, steht auch nicht unter der fortwährenden Wirkung seiner Heiligung.

Hebräer 10,9-10.14
9 Dann aber sprach er: „Siehe, ich komme, zu tun, Gott, deinen Willen." Da hebt er das erste auf, damit er das andre einsetze.
10 In diesem Willen sind wir geheiligt ein für allemal durch das Opfer des Leibes Jesu Christi.
14 Denn mit einem Opfer hat er für immer vollendet, die geheiligt werden.

In der Willensentscheidung, die Jesus gemäß dem Willen Gottes zu unseren Gunsten vollzogen hat, gemeint ist die Hingabe seines Lebens und Identifizierung mit unserer

Sünde und unserem Fluch, sind wir ein für allemal geheiligt und als solche Geheiligte für immer vollendet. Das sind starke Worte, die nicht nur theologisch markant klingen, sondern die uns einladen, diese Botschaft dadurch wirksam werden zu lassen, daß wir uns nicht selbst heiligen.

In diesem Sinne sind auch die nächsten beiden Schriftworte zu verstehen:

Hebräer 10,29b
Er ist durch das Blut des Bundes geheiligt.
Hebräer 13,12-13
12 Darum hat auch Jesus, damit er heiligte das Volk durch sein eigen Blut, gelitten draußen vor dem Tor.
13 So lasset uns nun zu ihm hinausgehen aus dem Lager und seine Schmach tragen.

Es ist offensichtlich, daß beide Verse den Augenblick der Heiligung unserer Person hineinverlagern in das Geschehen des Leidens und Sterbens Jesu am Kreuz, als er sein Blut für uns vergossen hat. Er, der Ausgestoßene, der nicht in der Gemeinschaft der Menschen gelitten war, weswegen er außerhalb der Stadt gekreuzigt wurde, hat durch den Einsatz seines Blutes, sprich durch die Hingabe seines Lebens und seiner Seele, die Grundlagen unserer Heiligung bewirkt. Wenn wir nun zu ihm stehen und uns nicht diesem Weltsystem und den Normen der bürgerlichen Gesellschaft anbiedern, dann wird das Handeln Jesu unsere Erfahrung.

Wenn wir nun genau nachfragen, wie sich diese Heiligung im einzelnen an uns ereignet und wie der Vater durch Jesus die Veränderung unseres Charakters bewirkt oder bereits vollzogen hat, dann landen wir unweigerlich erneut bei den Wahrheiten, die uns in diesem Buch am meisten beschäftigt haben: Jesus hat die Sünde im Fleisch verdammt (Römer 8,3). Alles, was wir im Zusammenhang der biblischen Lehre über das mit Christus Gestorben- und Auferstandensein gelernt haben, ist die Beschreibung unserer Heiligung in

Einzelschritten. Ich darf noch einmal wiederholen, weil das die Mitte der biblischen Lehre über Nachfolge, Heiligung und Zielsetzung unseres Lebens auf dieser Erde ist:

Römer 6,4 sagt uns, daß wir mit Christus gestorben sind und durch die Herrlichkeit des Vaters in einem neuen Leben wandeln sollen. Römer 6,6 beruft sich auf unser Wissen, daß wir nicht nur mit Christus gestorben sind, sondern daß dadurch auch der Leib der Sünde aufhört und daß wir hinfort der Sünde nicht mehr dienen müssen.

Römer 6,11 geht einen Schritt weiter und fordert uns auf, damit zu rechnen, davon auszugehen, daß wir tatsächlich innerlich der Sünde gestorben sind und daß wir ab jetzt für Gott in Christus Jesus leben können. Wir sollen also nicht nur den theologischen Sachverhalt zur Kenntnis nehmen, sondern mit dieser Wahrheit leben, unser Herz und unsere Gedanken damit füllen und im Glauben sie für uns als Erfahrung beanspruchen.

Jakobus 3,2 sagt uns, daß, wer mit der Zunge nicht fehlt, also bekennend diesen Sachverhalt herausstellt, seinen ganzen Leib im Zaum halten kann, was alle Triebe, Gelüste und negativen Neigungen einschließt.

Epheser 4,22 drängt uns, den alten, inzwischen erstorbenen Menschen abzulegen und anschließend den erneuerten Menschen anzuziehen.

Kolosser 3,9 ermahnt uns, daß wir, nachdem wir den alten Menschen mit seinen Werken ausgezogen haben, nicht mehr in alte Fehler zurückfallen, indem wir uns der Lüge, der Selbstverherrlichung und der Unversöhnlichkeit und Gnadenlosigkeit hingeben.

Die Verse Römer 6,19 und 22 klären uns dann auf, daß dieser Grundvorgang des mit Christus Gestorbenseins und der Auferstehung zu einem neuen Leben identisch ist mit der Erfahrung, daß dadurch unsere Glieder in den Dienst der Gerechtigkeit gestellt werden, auf daß sie heilig werden, und daß überhaupt die Frucht eines Lebens, das von der Macht der Sünde befreit ist, darin besteht, daß wir heilig werden.

Wir erkennen aus dieser Übersicht, daß in der Tat Heiligung die direkte Auswirkung des Praktizierens der biblischen Lehre über Tod des alten Menschen und Auferstehung des neuen Menschen durch die Grunderfahrung unserer Wiedergeburt ist. Wir können jetzt auch verstehen, weswegen das Wort Gottes erklärt, daß Jesus für uns zur Heiligung gemacht ist und daß Jesus sich ein für allemal für uns geheiligt hat. Die Kernaussage aller Ausführungen von Paulus in Römer 6 bis Römer 8 besteht doch darin, daß tief in der Mitte unserer Person, in unserem neuen Geist, die Veränderung unserer Person bereits geschehen ist und daß es demnach keinen Bedarf dafür gibt, daß wir mit eigenem Willenseinsatz und Aufbietung eigener sittlicher Kräfte noch etwas zu vollenden oder aufzubessern hätten. Es ist kein Platz für die Leistung des auf Gesetzlichkeit ausgerichteten Fleisches. Dieses ist abgemeldet! Insofern bleibt es dabei, daß Heiligung ein schöner und leichter Vorgang ist, der nicht mit Schmerzen verbunden ist und sein darf, weil die Heiligung von Jesus vollzogen worden ist, der für uns Schmerzen erlitten hat. Indem wir einfach bei der Wahrheit dieses Angebotes bleiben und uns nicht von der Lüge übertölpeln lassen, doch noch etwas tun zu müssen, durchdringt die Heiligung unsere gesamte Person, bis sie schließlich in der sichtbaren und hörbaren Erscheinungsform unserer Persönlichkeit zur Darstellung kommt.

Bleibt dabei wirklich nichts für uns zu tun übrig?

(Zu 4) Heiligung geschieht an uns, aber wir müssen sie wollen

Alles, was uns Jesus an Gutem antun will, muß von uns im Glauben übernommen und beansprucht werden. Das ist auch unsere Aufgabe im Hinblick auf Heiligung. Wir sollen uns nicht selbst heiligen, sondern die Heiligung, die der Herr für uns vollzogen hat, glaubend als Teil der Erlösung in Anspruch nehmen. Insofern sind wir Gläubige mit unserem Willens- und Glaubenseinsatz voll beteiligt, ohne dabei eine Leistung erbringen zu müssen. Die folgenden Schriftstellen sollen im einzelnen verdeutlichen, wie unser Anteil bei dem Geschehen aussieht. Wir empfangen die Vergebung der Sünden und das Erbteil:

Apostelgeschichte 26,18
... daß sie sich bekehren von der Finsternis zu dem Licht und von der Gewalt des Satans zu Gott, um zu empfangen Vergebung der Sünden und das Erbteil samt denen, die geheiligt sind durch den Glauben an mich.

Die Heiligung, durch die wir übrigens das uns zugedachte Erbteil empfangen, wird uns also auf dem Wege des Glaubens zuteil.

1. Korinther 6,11
... ihr seid abgewaschen, ihr seid geheiligt, ihr seid gerecht geworden durch den Namen des Herrn Jesus Christus und durch den Geist unsers Gottes.

Auch hier wird uns die Heiligung als durch Jesus bereits vollzogen dargestellt. Aber indem darauf hingewiesen wird, daß das durch den Namen des Herrn erfolgt, wird uns auch der Weg gewiesen, wie das unsere Erfahrung wird. Wir rufen den Namen des Herrn an, womit wir seine Eigenschaften und Verdienste beanspruchen, so daß durch den Glauben an den Namen Jesu das Geschenk der Heiligung auf uns übertragen wird.

Hebräer 12,14
Bemüht euch um die Heiligung, ohne die niemand den Herrn sehen wird.

In älteren Übersetzungen, aber auch in einigen moderneren heißt es, daß wir der Heiligung nachjagen sollen. In keinem Fall wird uns aber gesagt, daß wir die Heiligung selbst anfertigen oder in uns gestalten sollen. Von uns wird nur verlangt, daß wir mit aller Kraft und Hingabe uns darum bemühen und sie begehren. Die Verwirklichung der Heiligung geschieht dann durch Jesus, der sie für uns durchlitt und als fertiges Resultat zur Verfügung stellt. Allerdings werden wir sie nur in Etappen in ihrer ganzen Schönheit und Verfügbarkeit erkennen, um sie dann nach und nach in einzelnen Glaubensschritten in unser Leben einzubauen.

1. Petrus 3,15a
Heiligt aber den Herrn Christus in euren Herzen.

Hiermit werden wir schlicht aufgefordert, Jesus in unserem Herzen den gebührenden Platz zu geben. Wir sollen ihm die erste Stelle in unserem Denken reservieren. Sind wir gänzlich von ihm abhängig, wird seine Heiligung unsere Heiligung.

1. Johannes 3,3
Und ein jeglicher, der solche Hoffnung hat zu ihm, der reinigt sich, gleichwie auch er rein ist.

In diesem Schriftwort erscheint nicht der Begriff Heiligung. Es ist davon die Rede, daß wir uns reinigen, was in diesem Zusammenhang einen sehr interessanten Aspekt dieser Thematik eröffnet. Indem wir wissen, daß wir sein werden wie er, weil wir ihn sehen werden, wie er ist, und indem wir eine solche Hoffnung haben, reinigen wir uns schon, wie er selbst rein ist. Mit anderen Worten, wer auf den Herrn sieht und ihn in seiner einzigartigen Reinheit, Schönheit und Gestalt erkennt, der muß sich nicht erst entscheiden, sich zu reinigen (achte darauf, daß hier kein Imperativ steht!), sondern er ist schon im Begriff, sich zu reinigen.

2. Korinther 7,1
Weil wir nun solche Verheißungen haben, meine Lieben, so laßt uns von aller Befleckung des Fleisches und des Geistes uns reinigen und die Heiligung vollenden in der Furcht Gottes.

Die Verheißungen, auf die sich der Text hier bezieht, bestehen darin, daß Gott unser Vater ist, wir seine Söhne und Töchter sein sollen und daß wir als sein Volk von der Welt abgesondert sein sollen. Im Hinblick auf diese Zusagen sollen wir uns von aller Befleckung des Geistes und des Fleisches reinigen und die Heiligung vollenden. Das also wird uns doch aufgetragen! Das, was der Herr in uns bewirkt hat, sollen wir übernehmen und insofern die Heiligung vollenden. Das geschieht, indem wir im Glauben die Heiligung, die der Herr stellvertretend für uns vorgenommen hat, aufgreifen und uns völlig auf ihn verlassen. Also wieder ein Glaubensvorgang!

(Zu 5) Der Heilige Geist ist uns zur Hilfe bei der Heiligung gegeben

Die Fürsorge Gottes für uns geht so weit, daß er es nicht bei diesen umfassenden Maßnahmen zu unserer Charakterveränderung bewenden läßt. Man könnte ja denken, daß er alle Hilfen bereitgelegt hat, damit wir die Erfahrung der Heiligung machen. Doch reicht das Gott nicht aus. Er hat den Heiligen Geist für uns abgestellt, daß er uns bei den Maßnahmen der Anwendung dieser angebotenen Heiligung behilflich ist.

1. Korinther 6,11
... ihr seid abgewaschen, ihr seid geheiligt, ihr seid gerecht geworden durch den Namen des Herrn Jesus Christus und durch den Geist unseres Gottes.

Dieses Schriftwort war bereits in der letzten Rubrik zum Beweis der Aussage benutzt worden, daß wir durch Glauben an den Namen Jesu die Heiligung Jesu übernehmen. Nun heißt es aber in diesem Schriftwort auch, daß wir geheiligt und gerecht geworden sind durch den Namen des Herrn Jesus Christus und durch den Geist unseres Gottes. Der Heilige Geist hat die Heiligung selbst nicht bewirkt, die verdanken wir dem Herrn. Aber er sorgt dafür, daß wir dieses Handeln Jesu verstehen und im Glauben übernehmen. An dieser Stelle wird der Heilige Geist als der Geist des Glaubens tätig, der alles, was er uns gibt, von Jesus holt und seinen Worten entnimmt, um es uns verfügbar zu machen.

2. Thessalonicher 2,13
Wir aber müssen Gott danken allezeit eurethalben, vom Herrn geliebte Brüder, daß euch Gott erwählt hat von Anfang zur Seligkeit, in der Heiligung durch den Geist und im Glauben an die Wahrheit.

In diesem Fall wird der Heilige Geist betont, durch den wir die Heiligung erfahren, nachdem wir der Wahrheit geglaubt haben. Ohne den Heiligen Geist wird uns das Wort Gottes nicht einleuchtend sein. Wir werden nicht wissen, wie wir die Wahrheit der Heiligung durch Jesus richtig anwenden können.

1. Petrus 1,2
... ihr seid erwählt nach der Vorsehung Gottes, des Vaters, in der Heiligung durch den Geist, zum Gehorsam und zur Besprengung mit dem Blut Jesu Christi ...

Römer 1,4
... dem Geist, der da heiligt ...

Römer 15,16
... ich soll sein ein Diener Christi Jesu unter den Heiden, priesterlich zu warten des Evangeliums Gottes, auf daß die Heiden ein Opfer werden, Gott angenehm, geheiligt durch den heiligen Geist.

Auch aus diesen letzten drei Schriftzitaten geht eindeutig hervor, daß die Heiligung nicht ohne den Heiligen Geist erfolgen soll. Er ist uns dazu gegeben, um uns alle Zusammenhänge aufzuschließen, uns willig zu machen, die Wahrheit verstehbar zu machen, so daß wir unter seiner stetigen Interpretation des Wortes Gottes in das fertige Angebot der Heiligung hineingehen.

Wenn wir uns dem Heiligen Geist anvertrauen, wird Gott die Ehre dafür bekommen, daß er alles für uns schon vorbereitet hat. Wir werden das Vergnügen haben, daß die Veränderung unseres Charakters so angenehm und schmerzlos vonstatten geht.

Wir wollen noch einmal kurz zurückblicken, um zu überschauen, was uns Gott alles bereits gegeben hat. Sein Wort sagt uns (2. Petrus 1,3), daß alles, was wir zum Leben und zum göttlichen Wandel brauchen, uns durch seine göttliche Kraft und durch die Erkenntnis dessen, der uns berufen hat, durch seine Herrlichkeit und Kraft bereits gegeben ist. Das schließt auch jenen Prozeß ein, der normalerweise als Inbegriff der uns obliegenden Leistung angesehen wird, aber Heiligung darf keine Ausnahme sein. Heiligung ist kein Leistungsgeschehen!

Solange sich im Volke Gottes diese Erkenntnis nicht durchsetzen wird, werden wir aus der Talsohle unserer verzweifelten Bemühungen, anders zu werden, nicht herauskommen. Im Grunde genommen beschreibt Heiligung eine Kette von Erfahrungen, in denen uns die Augen geöffnet werden über jene Gnadenangebote Gottes, die uns gratis zur Verfügung stehen und die uns jeweils mehr Lebensqualität geben sollen. Heiligung, die wir alle als Prozeß durchschreiten, ist letztlich nichts anderes als ein Geschehen, in dem wir in einzelnen Portionen überzeugt werden, daß wir uns nicht selbst helfen zu brauchen und daß alles, was uns guttut und was Jesus verherrlicht, als kostenloses Angebot zur Verfügung steht.

Wir sind derartig stark auf Leistung und gesetzliches Denken programmiert, daß uns diese Sicht schwerfällt. Indem wir aber Gottes einzigartigen Charakter, der voll von Güte, Freundlichkeit, Gnade und Barmherzigkeit ist, immer mehr auf uns wirken lassen, wird es uns immer leichter fallen einzusehen, daß ein so gütiger Gott unmöglich von uns einen Prozeß einer mühsamen Heiligung erwarten wird. Das steht in absolutem Gegensatz zu seinem Wesen. Wer anfängt, ihn, den lebendigen, freundlichen und liebevollen Gott zu genießen, der begibt sich in die Position, daß er Heiligung als eine Kette von Gnadenerfahrungen verstehen kann. Hinter allem steht die grundsätzliche Aussage aus dem Munde Gottes, daß wir uns nicht selbst helfen sollen. Heiligung ist insofern ein einziger Genuß, der, wenn er durchschritten wird, uns obendrein noch die Erbschaft, die uns allen zusteht, aufschließt:

Apostelgeschichte 20,32
Und nun befehle ich euch Gott und dem Wort seiner Gnade, der da mächtig ist, euch zu erbauen und zu geben das Erbe unter allen, die geheiligt sind.

Kapitel 11

Heiligung und Befreiung

Dem aufmerksamen Leser wird längst eine Frage gekommen sein, der wir in diesem letzten Kapitel nachgehen müssen: Wo liegt eigentlich der Unterschied zwischen Heiligung und Befreiung? Vieles von dem, was das Leben eines Christen mit fleischlicher Gesinnung an Folgen nach sich zieht, tritt praktisch in Form von Zwängen oder chronischen zwanghaften Charakternöten in Erscheinung. Es könnte den Anschein haben, als ob die Lehre über das mit Christus Gestorben- und Auferstandensein die Antwort für alle seelsorgerlichen Herausforderungen enthält und eigentlich kein Bedarf und Platz mehr für die Notwendigkeit eines Befreiungsdienstes vorhanden ist. Haben wir also so etwas wie ein übergeordnetes geistliches Verfahren entdeckt, das den Befreiungsdienst im engeren Sinne des Wortes, bei dem es um Beseitigung von dämonischen Mächten in Personen geht, auflöst oder erübrigt?

Immerhin, auch Paulus spricht in Römer 7,15 und 19 davon, daß er sich einer zwanghaften Behinderung unterworfen sieht, wonach er das Gute, das er tun will, nicht tut, während er das Böse, das er meiden möchte, dann doch tut. War Paulus unter der Einwirkung von dämonischen Mächten, die ihre Zwänge auf ihn ausübten? Sicher nicht. Bei ihm lag der Sachverhalt der noch wirksamen Sünde vor, die in ihm, das heißt in seinem Fleisch, wohnte (Römer 7,18) und die dafür verantwortlich war, daß er tat, was er nicht wollte. Es waren nicht dämonische Mächte, die ihn trieben, sondern das Böse in ihm veranlaßte ihn zu tun, was er haßte. Diesen Sachverhalt bewertete Paulus in seiner eigenen geistlichen Diagnose (Römer 7,14), wonach er in diesem Zustand noch fleischlich war und insofern unter die Sünde verkauft war. Von dämonischen Mächten in dem Verständnis, wie sie sonst in der Schrift gemeint sind, ist hier nicht die Rede.

Wo sind die Unterschiede zwischen diesen beiden Sachverhalten und wo ist die Schnittstelle zwischen beiden? Wir haben nach wie vor keinen Grund, die alten Regeln in Zweifel zu ziehen, daß unsere Person geheiligt werden soll und nicht hinausgeworfen, während dämonische Mächte beseitigt werden und nicht geheiligt werden sollen. Die Tatsache, daß in beiden Situationen das Phänomen der Zwanghaftigkeit vorliegt, darf nicht billig zu dem verkehrten Schluß führen, daß beide Situationen identisch seien. Es mag möglich sein, daß die Sünde, von der Paulus hier redet, in letzter Konsequenz auch irgendeine personale Natur hat. Aber sicher ist sie nicht gleichzusetzen mit den dämonischen Kräften, über deren Wirksamkeit und Wirkungsvoraussetzungen uns das Wort Gottes so klaren Aufschluß gibt.

Die entscheidende Bedingung zur Freisetzung von Menschen, sonderlich von Christen, die in Abhängigkeit von dämonischen Mächten geraten sind, ist die Entscheidung, die innere Unabhängigkeit von Gott aufzukündigen und sich zur Gnade zu bekennen. Unter letzterem verstehe ich, daß es für die Freisetzung von dämonischen Kräften unerläßlich ist, allen Menschen zu vergeben, durch die man in Gegenwart und Vergangenheit Verletzungen und Beeinträchtigungen erfahren hat, und auch selbst den Lebensstil der Gnade für alle Lebensbereiche zu entwickeln. Das ist letztlich identisch mit der anderen genannten Bedingung, seine innere Unabhängigkeit aufzugeben, die sich darin äußert, daß man sich selbst verwirklicht, sich selbst hilft, sich selbst freisetzen möchte und mit eigener Kraft oder im Verlaß auf die Hilfe von Menschen sein Leben aus Defiziten und Problemen heraussteuern möchte. Diese beiden Grundvoraussetzungen für dämonische Bindungen – Unabhängigkeit und Gnadenlosigkeit – habe ich in Hunderten und Tausenden von Seelsorgefällen, denen ich zur Freiheit verhelfen konnte, beobachten können. Wir erkennen also, daß das eigentliche Problem, das hinter vielen vordergründigen Tat- und Haltungssünden liegt (die eine unmittelbare Einladung an dämonische Mächte darstellen), Unabhängigkeit und die Grundhaltung ist, sich selbst helfen und beweisen zu wollen. An dieser Stelle erleben wir die Verzahnung der Lehre über Heiligung und Befreiung.

Wenn wir die Phänomene von Unfreiheit grundsätzlich einteilen, die durch diese beiden genannten Haupteintrittspforten zustande kommen, dann ergibt sich folgende grobe Klassifizierung:

a) Ein Teil der Probleme, die wir bei Christen beobachten können (ich möchte mich zunächst einmal nur auf diese Form von Störungen beschränken, die wir bei wiedergeborenen Nachfolgern Christi beobachten), ist schlicht die Folge von geistlicher Unreife und Unabhängigkeit in dem Sinne, daß der Gläubige nie aus dem Zustand des fleischlichen Reagierens herausgetreten ist. Das bedeutet, daß sein alter Mensch noch ständig Zugang zu allen Entscheidungen und Regungen hat. Demnach ist zu erwarten, daß sich Phänomene des Zwanges, wie sie Paulus beschreibt, bei ihm einstellen. Diese bedeuten letztlich Unfreiheit und führen zu Charakterschwächen oder gar zu zwanghaften Charakterdeformierungen. Es sind mithin durchaus Symptome zu erwarten, die aber eher eine mehr charakterbezogene Erscheinungsform haben dürften.

b) Ein anderer Teil der möglichen Störungen wird dadurch zustande kommen, daß wie unter a) beschrieben der alte Mensch ungebrochen wirkt und somit der Gläubige nicht befreit ist von dessen Auswirkungen in Gestalt der Ergebenheit gegenüber fleischlichen Lüsten, Antrieben, Reizen der Welt und auch dem Zwang, gesetzlich reagieren zu müssen. Letzteres ist gleichbedeutend mit dem Zustand der geistlichen Unabhängigkeit von Gott. Der Betreffende will selbst den Weg zur Freiheit gehen. In dieser Gruppe tritt zu den Auswirkungen der fleischlichen Lebensweise noch die Existenz von dämonischen Bindungen hinzu. Die Übergänge sind häufig gar nicht erkennbar und vielleicht nur insofern festzustellen, als die Symptomatik insgesamt massiver ist und die Zwänge deutlicher sind. Was liegt in diesem Fall ursächlich vor? Dämonische Kräfte hatten durch die Grundhaltung der Unabhängigkeit, die sich im fleischlichen Denken und in der Wirksamkeit des alten Menschen äußerte, die Einladung zur Invasion bekommen. Möglicherweise treten auf dieser Grundlage dann noch weitere Einladungen in Gestalt von bestimmten Tat- und Haltungssünden dazu. Der entscheidende Gesichtspunkt ist der folgende: Ein Christ, der die göttliche Wahrheit kennt, aber trotz seiner prinzipiellen Entscheidung für die Gnade bei seiner Bekehrung danach doch faktisch unabhängig lebt, setzt sich dem Zugriff dämonischer Mächte aus. Wir erleben in solchen Fällen, daß seelsorgerlich aufgeklärte Christen, selbst wenn sie wirklich kooperativ sind, die umschriebenen Ursachen dämonischer Präsenz wie die unterschiedlichen Formen von Gnadenlosigkeit und Selbsterlösung durchaus als Schuld erkennen und aufgeben, dann doch nicht die ersehnte Befreiung erfahren. Möglicherweise kommt es dann nur zu einer teilweisen Befreiung, und das auch nur nach zähem

Ringen. In der Regel ist ein solches Resultat für alle Beteiligten recht enttäuschend.

Durch solche Beispiele, die mir in meiner Seelsorgepraxis sehr häufig begegnet sind, können wir den ganzen Gewinn der biblischen Lehre über Heiligung erkennen. Der fleischliche Christ, in dessen Fleisch die Sünde infolge Nicht-Anerkennung dessen, was Jesus nach seinem Wort mit ihr bereits getan hat, noch voll wirksam ist, und die durch eigene seelische Befreiungsversuche in Schach gehalten werden soll, lebt in einer raffinierten Weise noch voll auf der Ebene der Unabhängigkeit. Solche möglicherweise langjährigen Christen, die durchaus engagiert in ihrer Gemeinde tätig sein können, leugnen faktisch, was ihren Charakter und ihre Alltagsfrömmigkeit anlangt, die Erlösung, die Jesus bewirkt hat, indem er die Sünde im Fleisch durch seinen Tod verdammte. Nach Römer 8,5-8 stehen sie damit in Feindschaft gegenüber Gott, befinden sich in ihrer fleischlichen Gesinnung im Tod und können Gott nicht gefallen! Das ist in der Tat eine erhebliche Beeinträchtigung ihrer Beziehung zu Gott. Wohlgemerkt, ich rede von wiedergeborenen Christen.

Wenn wir uns diese Charakterisierung ansehen, dann ist es leicht verstehbar, daß man sich bei einer solchen Grundhaltung dämonische Kräfte regelrecht einlädt. Mithin liegt folgender Sachverhalt vor: Man könnte meinen, was durchaus auch in manchen Fällen geschieht, daß man zuerst einmal die groben dämonischen Bindungen beseitigen müßte, um dann zu den dahinterliegenden, geistlich viel zarteren und unscheinbareren Verhältnissen der Unabhängigkeit in Gestalt der fleischlichen Lebensweise zu gelangen. Wie bereits gesagt, das mag in nicht wenigen Fällen durchaus möglich sein, vor allen Dingen dann, wenn es sich um junge Christen handelt, die noch nicht viel Unterweisung empfangen haben und deswegen auch noch nicht geistlich reif sein können.

Aber bei wissenden Christen, denen lang genug geistliche Kost ausgeteilt worden ist und die sich dennoch auf der Ebene ihres fleischlichen Denkens in ihrer persönlichen Unabhängigkeit bewegen, liegen die Verhältnisse umgekehrt. Von solchen Gläubigen erwartet der Herr offensichtlich, daß sie die Mitte ihrer verkehrten Haltung erkennen und aufgeben, nämlich ihr fleischliches Lebensprinzip. Solange sie noch dazu stehen, verharren sie in der Unabhängigkeit von Gott, indem sie in ihrem verkehrten Verständnis von Frömmigkeit Gottes Ziele mit eigenen Kräften erreichen wollen. Diese Haltung, die man auch genausogut ein Absehen von Gnade oder den Lebensstil der Gnadenlosigkeit nennen könnte, lädt dämonische Kräfte ein und hält sie eisern fest, weil sich ihr Träger in Orgien von frommer Selbsterlösung ergeht! Wenn man in diesen Fällen den letzten Hintergrund der Unfreiheit nicht erkennt und aufdeckt, dann können solche Menschen nie zu ihrer Befreiung von Fremdherrschaft geführt werden. Denn gerade diese ihre Bemühungen, mit welchen sie sich befreien wollen, sind durchgehend von Selbstverwirklichung und frommer Leistung gekennzeichnet. Bei allem, was sie mit Hingabe und Eifer tun, ignorieren sie die Erlösungstat Jesu, der das bereits bewirkt hat, was sie selbst erst erringen wollen.

Die Reihenfolge des Vorgehens bei solchen chronischen Formen von Belastung der Frommen ist nur scheinbar widersinnig: erst Heiligung, sprich glaubende Anerkennung der Erlösungsauswirkung für den Charakter, und dann Befreiung. In den Augen Gottes ist das Verharren in fleischlicher Gesinnung ein so gravierender Sachverhalt, daß es sein Einschreiten gegen die einwirkenden dämonischen Mächte ausschließt. Weil fleischliche Gesinnung in ihrer Bewertung, wie wir es bereits gesehen haben, Feindschaft gegen Gott, Tod und eine Haltung darstellt, die Gott nicht gefallen kann, sieht sich Gott ausgeladen. Solange jemand darin verharrt, sendet er Signale in die unsichtbare Welt, daß er doch nicht mit Gott, sondern in eigener Kraft leben möchte. Das aber ist der ideale Nährboden für die Welt der Finsternis. Sie läßt sich eine solche Einladung nicht entgehen. Die Befreiung wird nicht stattfinden.

Wenn wir diese Zusammenhänge noch einmal weiter verdichten und auf das Wesentliche zurückführen, dann läßt sich sagen, daß das Beharren des wiedergeborenen Christen in fleischlicher Unreife eine Entscheidung zur Lüge ist: Der Herr hat noch nicht alles an mir getan, es bleibt noch etwas für mich zu tun übrig. Mit dieser Grundsatzentscheidung drückt der Christ seine Entscheidung zur Unwahrheit, zur Gnadenlosigkeit und Unabhängigkeit aus. Kann es da wunder nehmen, daß sich dadurch die bösen Mächte angesprochen fühlen? Auf der anderen Seite ist der Weg zur Heiligung und Freiheit so einfach: Wir haben nicht mehr zu „leisten", als anzuerkennen, daß Gott wirklich ein guter und liebevoller Gott ist, der bereits alles getan hat und selbst die Erlösung von unserem unheiligen, eitlen Wandel schon vollzogen hat. Wir müssen nur zu dieser Wahrheit bedingungslos stehen, und der Feind muß von uns weichen.